くたびれない
ごはん
づくり

婦人之友社

くたびれたときは、発想の転換を

食事のしたくを負担に思うことがありますか？
中高年向け雑誌『明日の友』（小社刊）で、こんな問いを投げかけたところ、
さまざまな回答が寄せられました。
「60代半ばを過ぎたころから、食事づくりがおっくうになった」
「配偶者の体調不良をきっかけに、ひとりでの食事が多くなった」
「買い物へ行くこと自体がたいへんになった」
人はどうしても、以前の自分と比べ、できなくなったことにとらわれがちですが、
今こそ発想を転換するときです。
食事づくりも、〝手をかけておいしく〟から、〝かんたんでおいしく〟へ。
包丁や火を使わないレシピ、昨今バリエーションが増えてきた冷凍野菜を利用した料理、
主菜と主食をいっしょにとれる炊きこみごはん、
数日間の献立を助けてくれるつくりおきに、思い立ったらパパッとつくれるかんたんスイーツ。
ほんの少しの工夫で食事づくりをかろやかに。
わが家の新スタイルをつくりましょう。

2021年4月　婦人之友社編集部

食事のしたくは日々負担に感じています。そのためにしていることは、週2回野菜をまとめてゆで、塩鮭も焼いてほぐして冷蔵保存。朝食はそれを使うと、ごはん、納豆、温野菜、焼鮭、生卵、ごま、海苔があっという間に。あとは味噌汁やヨーグルトがあれば大満足です。

（埼玉県Y・Wさん68歳）


料理がおっくうにならないように、食材を冷蔵庫に常備。根菜、ねぎ、青い野菜は洗って切っておくものも。月に一度くらいはお肉屋さんの唐揚げ、焼豚、専門店の焼き鳥なども利用。外食でおいしいものを食べたり友達を招いたり、食生活に変化と楽しみをもたせています。

（東京都A・Cさん80歳）


ひとり暮らしなので量も少なく、時間のあるときにつくりおきして小分け冷凍保存しています。健康のため、シンプルでもできるだけ手づくりの食事を大切にしていきたいと思います。

（埼玉県T・Kさん77歳）


夫も私も持病が進んで、外出や料理が大変に。週末、近くに住む次男や孫の車で買い出しへ。都合のつかないときはネットスーパーで食材を頼んでくれるようになりました。週の中日にお弁当の宅配も頼んでいます。

（山梨県O・Hさん87歳）


長年、バランスのよい食事を心がけ、つくりおきなども続けてきましたが、最近疲れがとれにくくなってきたと感じます。今まさに変化のとき？　購入したものを使いこなすことに追われているように感じ、もっと楽しく食事の用意をしたいと願うこの頃です。

（東京都A・Hさん79歳）

あなたもですか、ご同輩！

調理定年を迎えたら

樋口恵子

調理定年。この言葉に思い至ったのは２０１７年のことでした。詳しくは『老～い、どん！』（小社刊）に書きましたが、きっかけは、この年に敢行した自宅の建て替え、引っ越しです。若い人でもたいへんなのに、84歳の私は引っ越しを終えたあとも絶不調で、医師の診断は、「もう少しで輸血が必要になるほどのひどい貧血」。もちろん持病との兼ね合いもありますが、血液検査の詳細をつくづく眺めるに「これは栄養失調だ」と、はたと気づきました。厚労省の最新の調査（２０１９）では、65歳以上の高齢者で低栄養傾向の人は17％、85歳以上の女性では28％との情報もあります。

　年齢を重ねると空腹感が減ります。しかも、わりとおいしいパンや牛乳、冷凍食品があればそれなりに充足感もある。決定的なのは、どうにも料理がおっくうで、なにもつくる気がしないのです。しかし、それでは生きるための栄養（Ｐ.１０８参照）が足りるはずもありません。

　そこで、これを「中流性独居型栄養失調」と名づけ、女の人生には「調理定年」があるのではないかと『明日の友』の連載に綴ったところ、多数の賛同の声。あなたもですか、ご同輩！　との思いを強くしました。

樋口流パパッとレシピ１

週に一度はお鍋です

鍋は水炊きでもいいし、市販のキムチ鍋の素を使ってもいい。白菜、ねぎ、春菊など野菜をたっぷり入れて、お餅があったら半分くらいに切って、ここは少し手間ですが、油で揚げて鍋に入れます。これ、栄養満点でコクも出て本当においしい。

体力が落ち、調理定年を迎えたら、「手づくり主義」は続きません。老いの食生活を支えてくれるものは、この20年でずいぶん進化しました。私も人の手を借りたり、レトルト、鍋の素などを常備して活用しています。「歩いて買い物、近くに仲間、ちょいと稼げる仕事があって、ともに語らい、ともに食、こんな街で私は老いたい」。講演で都々逸風に唸ると、けっこう受けるのですが、これは私がこんなふうに過ごしたいという願いです。買い物は、自分で商品を選んで買うという選択と決定の場で、楽しい行為です。本来は自力でスーパーへ行きたいところですが、それが難しくなってきたら生活協同組合や少量でも配達してくれる地域の商店を見つけておくこと。また、人とのコミュニケーションも大切で、体力づくりにひとりでせっせと筋トレをするより、ワイワイガヤガヤと仲間でラジオ体操をしたほうが、元気でいられるという話もあります。

これからの社会に期待したいのは、地域にひとつ高齢者カフェができること。メニューはカレー、おでんなど決まりきったものでいい。そういう一種の集いの館があれば、孤立する人も減るし、最低限の食生活を営めるのではないかと考えています。

ひぐち・けいこ
1932年東京都生まれ。東京大学文学部卒業後、時事通信社、学習研究社などを経て評論活動に入る。東京家政大学名誉教授。NPO法人「高齢社会をよくする女性の会」理事長。自身のヨタヘロぶりを余すところなく綴った『老〜い、どん!』が話題に。

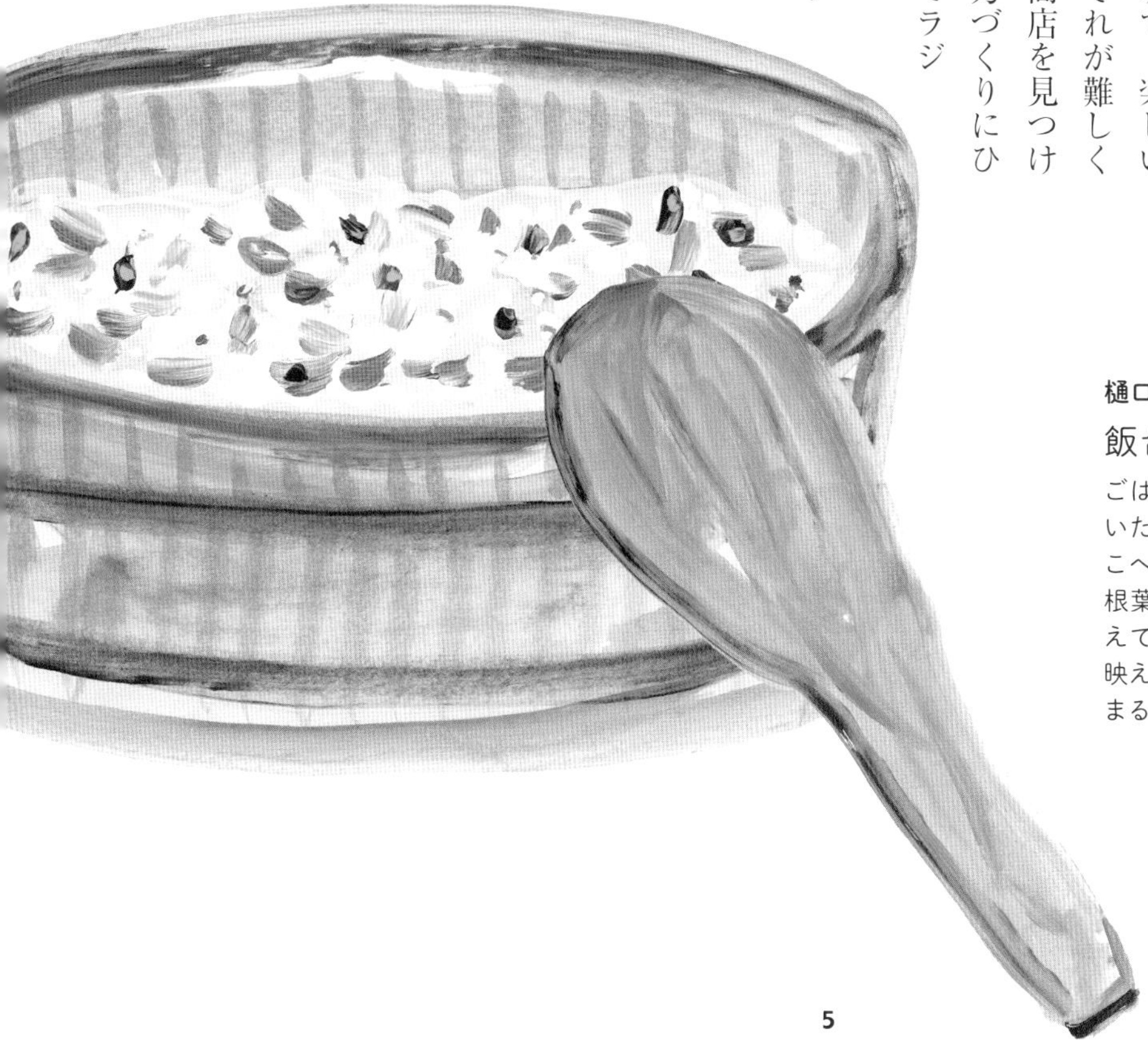

樋口流パパッとレシピ2

飯台にどかんと鮭めし

ごはんを炊いたら飯台にあけて、焼いた紅鮭の骨をとって混ぜます。そこへ塩もみして刻んだたっぷりの大根葉と白ごまをごはんの1割ほど加えて。大根葉のシャキッとした緑が映えて美しく、華やかなので、人が集まるときによくつくりました。

目次

この本の使い方

表記について

1カップは200ml、大さじは15ml、小さじは5mlです。

味つけについて

調味料の塩、醤油などは種類によって風味や塩分量、塩からさにばらつきがありますので、体調、お好みにより調整してください。

電子レンジについて

600wのものを使用しています。時間は目安ですので、様子を見ながら加減してください。

電子レンジに使う耐熱容器とふたについて

容器とふたは必ず「耐熱性」と書かれたものを使用しましょう。プラスチック製の場合は「耐熱温度140℃以上」の表記のものをお使いください。また、容器が耐熱でもふたは耐熱でない場合がありますのでご注意ください。本書では、使い捨てのラップはなるべく使わず、写真のような電子レンジ用のふたを使用しています。

この本に協力してくださった料理家の方たち

本書は『明日の友』の料理記事をベースに、
新たなレシピを大幅に加えました。
主に関わってくださった方たちを紹介します。（登場順）

大塚《おおつか》公子《きみこ》

「わかりやすく、楽しく」をモットーに、さまざまな料理教室で講師を務める。身近な食材でつくる家庭料理に定評がある。本書では「お助けレシピ22」「コンビニの加工品をかしこく使って」などを担当。

岩﨑《いわさき》啓子《けいこ》

料理研究家、管理栄養士。手軽につくれておいしく、健康によいレシピが好評。著書に『魔法のダイエットみそ汁』『冷凍保存節約レシピ』などがある。本書では「張りきりすぎないつくりおき」などを担当。

ギオ恵子《けいこ》

イタリア人の夫と結婚後、世界各国で料理の研鑽を積む。現在は東京とトリノを行き来しながらのひとり暮らし。本書では「ギオ恵子さんのくたびれない暮らし」で、ライフスタイルを公開。

本谷《もとや》恵津子《えつこ》

料理研究家。段取り上手な手早い料理に定評がある。本書では「スイッチひとつで主食も主菜も 炊きこみごはん」「炒めるだけ、漬けるだけ、和えるだけ」を担当。『家庭料理の手ほどき帖』（小社刊）ほか著書多数。

遠藤《えんどう》ミホ

世界各地を訪れ現地の食と文化を学ぶ。素材の持ち味を生かしたシンプルな料理、スパイス使いが得意。チーズ、薬膳、お酒などの講座やケータリングも行う。本書では「野菜をたっぷりとって、からだをととのえる」を担当。

その他、料理協力

東将子
小藤啓子
重野佐和子
田中手古奈
藤川あおい
松村三智子
室賀伊都子

1 毎日がんばらなくても おいしいごはん

「今日もごはんをつくらなくちゃ」。
毎日の食事づくりが心の負担になっていませんか。
そんなときは、無理してがんばらなくていいんです。
手間をかけなくても、自分らしい料理ができる
方法はさまざま。くたびれ気味のあなたに、
心がかるくなるアイデアとレシピをお届けします。

お助けレシピ㉒

疲れて台所に立つ気力がわかない。おいしいものは食べたいけれど、手のこんだ料理をする元気がない。そんなとき活躍するレシピを大塚公子さんにうかがいました。5つのお手軽ポイントで、毎日の食事づくりを気分よく。

日々の食事づくりがおっくうになってきたら、調理を楽にしてくれる道具や素材を使う、手順を簡略化するなど、ほんの少し考え方を変えたほうがいいかもしれません。

火を使わなくとも、電子レンジを利用すれば、素材の加熱はもちろん、和えものや魚料理、プルコギなどの肉料理までつくれます。包丁を持たずとも、野菜はちぎることで味がよく染みますし、ピーラーを活用すると見た目が華やかで、食感も楽しい一品ができあがります。

昨今バリエーションが増えてきた冷凍野菜や缶詰も見逃せません。とくに冷凍野菜は、ブロッコリーにオクラ、ほうれん草、なかには揚げ茄子など半調理品も。解凍して盛りつけるだけでも小鉢になります。缶詰は調理法を意識して選び、常備しておけば、いつでも炊きこみごはんや巻きものなどに使えます。

お手軽ポイント

火を使わない

電子レンジの使用や素材の使い方を工夫します。

包丁を使わない

手でちぎったり、キッチンばさみやピーラーを利用するレシピ。

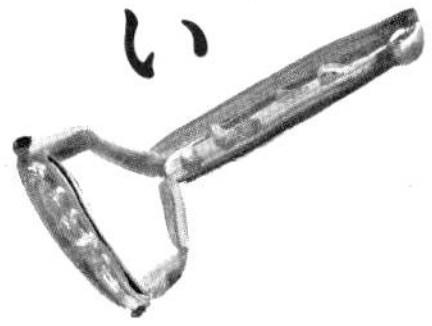

冷凍野菜を活用する

手軽に便利に野菜をとりましょう。

缶詰を利用する

保存の効く常備品は調理法を意識して選びます。

ワンタッチ主菜

手順の少ないメインになるおかずです。

どうしても手がかかる印象のあるメインのおかずは、なるべく少ない手順でできるよう工夫しました。

一からきちんとつくるのが面倒で食べなくなってしまうより、市販品に少しだけ手を加えて食べる日があってもいい。おかず1品を「お助けレシピ」に変えるだけでも、料理がぐっと楽になるはずです。

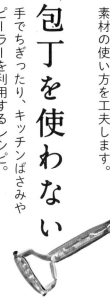

火を使わない

01 鯖のトマト味噌煮

材料と分量 2人分

鯖（切り身）……2切れ
あれば昆布……3cm角
A トマト水煮缶（カット）……100g
酒・砂糖・味噌……各大さじ1

1 鯖は皮目に浅く十文字の切れ目を入れる。

2 深めの耐熱容器に**A**、昆布、鯖を入れてからめ、少しずらしてふたをし、電子レンジに4分かける。

3 レンジから一度とり出して煮汁をまわしかけ、さらに2分レンジにかけたら、とり出して数分おき、味をなじませる。食べるときにもう一度温める。

トマトの酸味と
まろやかな味噌。
ちょっとモダンな
鯖の味噌煮です。

ごはんがすすむ
甘めの味つけ。
具材を合わせて
チンするだけ。

02 プルコギライス

材料と分量 2人分

牛または豚こま切れ肉……150g
A 焼肉のたれ……大さじ$1\frac{1}{2}$〜2
（ない場合は、味噌、醤油、砂糖、にんにくのすりおろしを混ぜる）
ごま油……小さじ2
玉ねぎ……100g
人参……40g
にら……20g
ごはん……適量
白いりごま……適量

1 玉ねぎ、人参はせん切り（スライサーでも）、にらは3cmに切る。

2 耐熱容器に肉とAを入れてもみ込んだら、1を加えてざっと混ぜる。少しずらしてふたをし、電子レンジに3分かけ、肉をほぐす。

3 ふたをとってさらに2分加熱し、白ごまをふり、器に盛ったごはんにのせる。

サラダ菜、サンチュで包んでも。

03 蒸し茄子とささみのごま和え

1 茄子は皮をむき、水に通して耐熱容器に入れ、少しずらしてふたをし、レンジで4分加熱。粗熱をとり、さく。

2 ささみは塩、酒をまぶし、同様にレンジで1分。身をさきながら筋をのぞく。

3 Aを混ぜ、茄子とささみを和える。せん切りした青じその葉と、白ごまをちらす。

材料と分量 2人分

茄子……2本（200g）
鶏ささみ……1本（50g）
塩・酒……各少々
A 白ねりごま……小さじ2
　砂糖……小さじ2
　醤油……小さじ$1\frac{1}{2}$
青じその葉……1枚
白いりごま……適量

茄子はグリルで10分焼いて皮をむいても。

レンジでふっくら蒸しあがります。

04 漬けまぐろ丼

1 酒とみりんは電子レンジで30秒ほど温めてアルコール分をとばす。醤油を加えて冷まし、薄く切ったまぐろを漬けて冷蔵庫で5分おく。

2 ごはんを器に盛り、長芋と青じその葉をのせ、汁けをきったまぐろを盛る。

3 漬け汁をかけ、海苔、わさび、白ごまを添える。

材料と分量 2人分

まぐろ赤身（刺身用）……120g
漬け汁
　醤油……大さじ2
　酒・みりん……各大さじ1
長芋（すりおろす）……60g
青じその葉（ちぎる）……2枚
ごはん……適量
海苔・わさび・白ごま……各適量

まぐろを漬けた汁は電子レンジにかけて煮つめ、冷ましてからかけても。

たった15分で漬けまぐろに！

05 豆腐の和風カプレーゼ

豆腐を使ってさっぱり味のカプレーゼに。

材料と分量　2人分

豆腐（絹）……150g
塩……適量
トマト……60g
青じその葉……2枚
A 醤油……小さじ1
　わさび……適量
　オリーブオイル……小さじ2

1　豆腐を縦半分に切り、全部で8枚に切って両面に塩をふり、キッチンペーパーに包んでしばらくおく。トマトは8枚のいちょう切り、青じその葉は4つに切る。

2　器に豆腐、青じその葉、トマトの順に並べ、食べる直前にAをよく混ぜてかける。

06 小松菜とえのき茸のたらこ和え

小松菜はカルシウムもたっぷり。

1　小松菜は4～5㎝長さに、えのき茸は石づきを落として半分に切る。

2　耐熱容器に1を入れ、ふたをして電子レンジに3分かけ、粗熱をとる。

3　たらこをほぐして、Aを混ぜ、水けをきった2を加えて和える。

材料と分量　2人分

小松菜……120g
えのき茸……50g
たらこ（生食用）……20g
A 醤油……小さじ2/3
　酒……小さじ2/3
　みりん……小さじ2/3

小松菜はほうれん草、たらこは明太子でも。すりおろしにんにく、ごま油、いりごまを加えてナムル風にしてもよい。

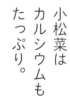

包丁を使わない

07

ひらひら野菜の甘酢かけ

シャキシャキした食感もごちそう。

材料と分量 2人分

大根……100g
きゅうり……$\frac{1}{2}$本
人参……20g
スモークサーモン……適量
A 酢……大さじ1強
砂糖……小さじ2
醤油……小さじ1
塩……ひとつまみ
だし(または水)……小さじ2
白いりごま……適量

1 大根はピーラーで厚めに皮をむき、薄く削る。きゅうり、人参も同様に。すべて冷水にさらし、水けをよくきる。

2 器に盛り、サーモンをちぎってちらす。

3 白ごまをちらし、**A**をよく混ぜ、まわしかける。

ポン酢や好みのドレッシングでも。水けが出ないうちにいただく。

08 二色ごはん

1　**A**、**B**をそれぞれ耐熱容器に入れてよく混ぜる（**B**は湯のみなど、小さくて深めの器が混ぜやすい）。

2　**A**にふたをのせ電子レンジに2分かけ、いったんとり出して混ぜ、さらに1分ほどかけてそぼろにする（透明な汁が出ればよい）。

3　**B**も同様にレンジに1分弱かけて箸で混ぜ、さらに30秒かけて細かいそぼろにする。

4　ごはんの上に**2**と**3**を彩りよく盛り、三つ葉をあしらう。もみ海苔をちらしても。

材料と分量　2人分

A 鶏ひき肉……100g
　醤油……小さじ2強
　砂糖・酒……各小さじ2

B 卵……1個
　砂糖・酒……各小さじ2
　塩……少々

ごはん・三つ葉・もみ海苔など……各適量

三色にする場合は野沢菜を刻んだものや、冷凍ほうれん草100gを刻み、ごま油と醤油各小さじ1を混ぜてレンジに1分かけたものなどを。

野菜とつけだれは好みでアレンジして。

09 豚肉と野菜のレンジ蒸し

1　キャベツはひと口大にちぎり、もやしは洗って水けをきり、ざっと合わせる。

2　大きめの平皿に**1**と豚肉（広げながら）を重ね、塩と酒をふり、少しずらしてふたをして、レンジに約6分かける。好みのたれを添える。

材料と分量　2人分

豚こま切れ肉……150g
キャベツ・もやし……各100g
塩……少々
酒……大さじ1
ポン酢・ごまだれなど好みのたれ……適量

写真のような電子レンジ用のスチーマーがあると便利。少人数の調理に大活躍する。

⑩ お揚げの納豆ねぎチーズ詰め

うまみもボリュームもたっぷり。

材料と分量 2人分

油揚げ……2枚
納豆……1パック
刻み青ねぎ……20g
削り節……1パック（4〜5g）
スライスチーズ……1枚

1 油揚げはキッチンばさみで横半分に切って口を開き、チーズは1/4にちぎっておく。

2 納豆と、添えつけの辛子とたれ（または醤油、みりん）、青ねぎ、削り節を混ぜ合わせる。

3 油揚げにチーズと**2**を詰めて平らにする。フライパンに並べ、弱めの中火で両面を素焼きする。

⑪ 焼きおにぎり茶漬け

1 焼きおにぎりは表示に従い、電子レンジで温める。

2 だしを温めて塩と醤油で調味し、**1**にかけ、鮭そぼろ、三つ葉などを添える。

いざというときの冷凍焼きおにぎり。

材料と分量 2人分

冷凍焼きおにぎり……2〜4個
だし……400ml
塩……小さじ1/4
醤油……ごく少々
鮭そぼろ・三つ葉……各適量
わさび・刻み海苔……各適量

市販のだしパックを使う場合は、塩の量を加減する。刻み海苔、白ごま、七味唐辛子、わさびなども一緒に添えると、香りや辛味で醤油や塩のかけすぎを控えられる。

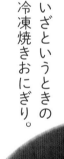

12 豆腐入りナゲット

新感覚のヘルシーナゲット。

1 豆腐は電子レンジに30秒かけ水けをきる。

2 ひき肉、1、Aをポリ袋に入れてよくもむ。

3 2の袋の隅を少し切り、フライパンに8つ位に分けてしぼり入れ、平たく整えて中火で両面焼き色をつけた後、ふたをして2分蒸し焼きにする。よく混ぜたBを添えていただく。

材料と分量 2人分

鶏むねひき肉……100g
豆腐（木綿）……40g
A 卵……1/2個
　おろしにんにく……少々
　酒・醤油・油……各小さじ1
　小麦粉または片栗粉……小さじ2
B マスタード……大さじ1
　マヨネーズ・牛乳……各小さじ2
　はちみつ……小さじ1
　レモン汁……少々
パセリ……適量

マスタードソースは市販品でもよい。

⑬ ブロッコリーのカルシウム和え

1　ブロッコリーは凍ったまま耐熱容器に入れ、ふたをして電子レンジに3分かける。水けをきって食べやすい大きさにし、Aをまぶしておく。
2　1cm角に切ったチーズ、ちりめんじゃこ、ちぎった海苔を混ぜる。

材料と分量 2人分

冷凍ブロッコリー……150g
プロセスチーズ……20g
ちりめんじゃこ……小さじ2
焼き海苔……1/4枚
A 醤油……小さじ1〜
　好みでわさび……適量

⑭ オクラと糸寒天の酢のもの

材料と分量 2人分

冷凍刻みオクラ……50g
糸寒天(乾)……4〜5g
トマト……50g
カットわかめ(乾)……ふたつまみ
A めんつゆ・酢・水……各小さじ2
　砂糖……ひとつまみ
　おろし生姜……適量

1　オクラは電子レンジに1分位かけて解凍する。
2　糸寒天、わかめは水に浸してもどす。
3　トマトは小さめのいちょう切りにする。
4　Aを混ぜ、水けをしぼった寒天とわかめ、オクラ、トマトの順に加えて和える。

⑮ ほうれん草とかにかまのポン酢和え

1　冷凍ほうれん草はふたをせずレンジに3分かける（かたければ10秒ずつプラスする）。

2　かにかまをさいて加え、ポン酢で和える。

うまみと塩分の両方を補う便利なかにかまをアクセントに。

材料と分量　2人分

冷凍ほうれん草……120g
かにかま……2本
ポン酢……小さじ2弱

1で水けが出たらしゃもじなどで押さえて軽くきるとよい。

---

⑯ 揚げ茄子の煮浸し

1　揚げ茄子は耐熱容器に入れ、めんつゆと水を加える。ふたをして電子レンジに2分かけ、そのままおく。

2　味がなじんだら器に盛り、生姜を添える。

調味料と一緒にレンジにかけるだけ。

材料と分量　2人分

冷凍揚げ茄子……100g
めんつゆ・水……各大さじ1
おろし生姜……適量

17 帆立と塩昆布の炊きこみごはん

材料を炊飯器に
入れて炊くだけ。
包丁いらずで、
このおいしさ。

材料と分量 2人分

米……1合
水（帆立汁も合わせて）……1合の目盛りまで
帆立缶……30g
塩昆布……10g

人参やきのこを加えて炊いても。

1 米をといで水加減し、帆立と塩昆布をのせて、通常通りに炊く。

2 炊きあがったら全体をさっくり混ぜていただく。

青じそのさわやかな風味が食欲をそそります。

⑱ ツナしそ手巻きごはん

1 ツナは汁けをきり、Aを混ぜる。
2 海苔1枚を4等分にし、ごはん、青じその葉、1を適量のせ、好みで七味をふって巻きながらいただく。

材料と分量 2人分

ツナ缶……50g
A 醤油……小さじ1
　マヨネーズ……小さじ2
好みで七味唐辛子……適量
ごはん……2杯分
青じその葉・焼き海苔……各適量

---

⑲ 鯖缶ディップ

1 ボウルに鯖を入れてほぐし、キムチ、Aを加えて混ぜる。

材料と分量 2人分

鯖水煮缶……100g
キムチ（細かく刻んだもの）
　……50g
A ごま油……小さじ2
　酢・砂糖……各小さじ1

リーフレタスにごはんと共に包んだり、パンにのせたり、きゅうり、トマト、大根などの薄切りにのせても。

肉や魚の缶詰は素材・だし・塩分を含むため、味つけは控えめに。ほぐして野菜や豆などを和えると手軽な一品に。

鯖とキムチが見事に調和。パンにもごはんにも。

20 豚肉のもろみ味噌焼き

1 豚肉は7~8㎝幅に切る。

2 えのき茸は石づきを取って半分に、長ねぎは縦半分に切ってから斜め薄切りに。

3 アルミホイルに1/3量の**1**を並べ、よく混ぜた**A**をぬり、1/3量の**2**をのせる。同様の順で3段に重ね、ホイルの口をあわせてぴっちりと包む。

4 グリル、またはオーブントースターで、具材に火が通るまで10分ほど焼く。

材料と分量 2人分

豚薄切り肉……150g
えのき茸……50g
長ねぎ……20g
A もろみ味噌……40g
｜酒……大さじ1

もろみ味噌の風味に長ねぎがよく合います。

21 タンドリーチキン

1 鶏肉は皮をフォークや竹串で刺し、ひと口大に切る。

2 **1**をポリ袋に入れ、**A**を加えてもみ、30分おく。

3 耐熱容器に並べ、ふたをしてレンジで4分、上下を返して1分かける。火が通ったら汁けをきって皿に盛る。

材料と分量 2人分

鶏もも肉……200g
A ヨーグルト……大さじ3
｜トマトケチャップ……大さじ1
｜カレー粉……小さじ1～2
｜塩……ふたつまみ　砂糖……小さじ1
｜おろしにんにく・おろし生姜……各小さじ1/2
サラダ菜……適量

ヨーグルトで鶏肉を柔らかく。マイルドなカレー風味。

22 鮭のちゃんちゃん焼き

味噌のコクとバターの香り。
野菜とたんぱく質が
一度にとれるのもうれしい。

材料と分量 2人分

生鮭(切り身)……2切れ
塩・胡椒……各少々
バター……10g
キャベツ……150g
玉ねぎ……100g
人参……30g
しめじ……1/2パック
A 味噌……大さじ1 1/2
砂糖・酒・みりん……各小さじ2
おろしにんにく……少々

1 鮭に塩、胡椒する。

2 キャベツはざく切り、玉ねぎ、人参は薄切り、しめじは石づきを落としてほぐす。

3 フライパンにバターを溶かし、鮭を入れて両面焼き色をつける。端に寄せて2を加えてざっと炒める。鮭を上にのせ、混ぜ合わせたAをまわしかける。ふたをして弱火で5分ほど蒸し焼きする。

4 器に盛り、鮭をくずして混ぜながらいただく。

市販の炒め用カット野菜300gでつくるとさらに手軽に。

張りきりすぎない つくりおき

常備菜をたっぷりつくりすぎて、いつまでも同じおかずを食べ続けることはありませんか？　家族も減り、食生活も変化した家庭では、つくりおきの考え方もバージョンアップしたほうがよさそうです。そのヒントとレシピを管理栄養士の岩崎啓子さんに教わりました。

体力を保ち、健やかに過ごすには毎日の食事が肝心です。筋肉や骨格などをつくるたんぱく質、骨粗鬆症を防ぐカルシウム、体の機能をととのえる食物繊維、ミネラル、ビタミンなどをいろいろな食材からとりましょう。高齢になるにつれ、1回に食べられる量は減りますから、ますます3回の食事をきちんととることが大切になります。

いつものおかずを少し多めにつくる

毎日の食事のしたくは「つくりおき」のおかずがいくつかあれば、ずいぶん楽になります。

だからといって、冷蔵庫に何品もストックをと張りきりすぎ、疲れてしまうのは本末転倒。

がんばらなくても豊かな食卓に

いつものおかずをちょっと多め、「1・5倍くらいつくる」ことをおすすめします。

たとえば2人家族なら、魚を3切れ買い、今日はつくりたてをおいしくいただき、1切れ分は翌日以降の献立に加える。そうして少しずつストックすれば、料理をほとんどしなくても食卓がととのう日もあるでしょう。

焼き鮭や卵焼きなどを少し多めにつくって、保存容器に小分けしておくだけでもいい。こんな簡単なものも「つくりおき」おかずになります。

彩りで栄養をチェック！

一時期、1日30品目食べることが奨励されましたが、品目数にとらわれると、負担や義務感が増して気が重くなります。

むしろ目安にしたいのは色。たんぱく質の茶色に野菜のカラフルな色合いが加われば、栄養バランスも自然にとりやすい。とくに緑黄色野菜や根菜、豆類は栄養価が高いので、つくりおきを習慣にするとよいでしょう。

3日を目安に食べきる

漬けものや佃煮のように濃い味つけにすれば長く保存できますが、普段のおかずは、冷蔵なら3日くらいを目安に食べきりたいものです。

保存には清潔な密閉容器や袋を使います。陶磁器や耐熱ガラスは電子レンジにかけられる上、そのまま食卓に出しても見栄えがよく、重宝します。

保存が少し長くなるようなら、途中で電子レンジを使って加熱しておくと安心です。

また、細かく切ったり、柔らかくしてつぶしたりと手がかかる介護食も、「つくりおき」があれば、一から料理するよりずいぶん手軽になるはずです。

あるとうれしい 主菜のストック

今日はつくりたてをたっぷり楽しみ
明日以降はサイドメニューの一品に。

鰆の揚げ漬け

鮭や鯖、鯵でも
おいしく
できます。

材料と分量　つくりやすい分量

鰆（切り身）……3切れ
塩・胡椒……各少々
片栗粉……少々
揚げ油……適量
A だし……3/4カップ
　塩……小さじ1/5
　醤油……大さじ1 1/2
　砂糖……大さじ1/2
酢……小さじ1
ごま油……小さじ1
生姜……1/2片
赤唐辛子……1/2本

1　**A**を混ぜ合わせて、ふたをせずに電子レンジで1分30秒加熱する。酢、ごま油、せん切りにした生姜、輪切りにした赤唐辛子を加え、混ぜ合わせる。

2　鰆は半分に切り、塩、胡椒し、片栗粉を全体に薄くまぶす。170℃に熱した揚げ油で、きつね色にカラリと揚げる。

3　揚げたてを**1**のたれに漬ける。生野菜を添えるとよい。

鯛とえびのレモン風味オイル漬け

オリーブオイルも
おかずの日もちに一役。

材料と分量　つくりやすい分量

えび（無頭、殻つき）……6尾
鯛（切り身）……3切れ
塩……小さじ$\frac{1}{2}$
胡椒……少々
オリーブオイル……大さじ2
水……大さじ1
レモン（輪切り）……3枚
タイム（生）……1枚

1　えびは殻をむいて背わたをとり、洗って水けをふきとる。鯛は食べやすい大きさに切る。えび、鯛に、塩、胡椒をふって混ぜ合わせておく。
2　鍋またはフライパンにオリーブオイルと水を入れ、鯛を並べてレモンをのせ、タイムを加えてふたをする。
3　中火にかけ、沸とうしたら弱火で7分くらい蒸し煮し、えびを加えてさらに2～3分蒸し煮にする。

鶏むね肉の菜種煮

口あたりが
やさしい
菜の花色の
おかず。

材料と分量　つくりやすい分量

鶏むね肉……1枚
塩……小さじ$\frac{1}{6}$
生姜汁……小さじ$\frac{1}{2}$
片栗粉……適量
卵黄……1個
卵……1個
A だし……2カップ
みりん……大さじ1
塩……小さじ$\frac{1}{4}$
醤油……小さじ1

1　鶏肉はひと口大のそぎ切りにし、塩と生姜汁を加えてもみこむ。別のボウルに卵黄と卵を入れ、よく混ぜておく。
2　**A**を鍋に入れて煮立てる。
3　鶏肉に片栗粉をまぶしたら、**1**の卵液にからめる。
4　**2**に**3**を入れ、再沸とう後、弱火で6～7分煮る。

豚ひき肉とえのき茸のつくね

材料と分量　つくりやすい分量

豚赤身ひき肉……300g
卵……1/2〜1個
塩……小さじ1/5
胡椒……少々
醤油……小さじ2
白すりごま……小さじ2
玉ねぎ……1/6個
えのき茸……1袋
片栗粉……小さじ2
サラダ油……小さじ2
醤油……大さじ1
みりん……大さじ1

えのき茸の食感がアクセント
かわりだんごの照り焼き風。

1　玉ねぎはみじん切り、えのき茸は1〜1.5㎝長さに切り、片栗粉をまぶしておく。

2　ボウルにひき肉、卵、塩、胡椒、醤油を入れて粘りが出るまで混ぜ、すりごま、**1**を加えて混ぜ合わせる。12等分し、丸く平らに形を整える。

3　熱したフライパンに油をひき、**2**を並べ入れ、中〜弱火でふたをして両面を焼く。火が通ったらいったんとり出しておく。

4　フライパンに醤油とみりんを入れて煮立て、**3**をもどし入れ、煮からめる。

鯖のコーヒー醤油煮

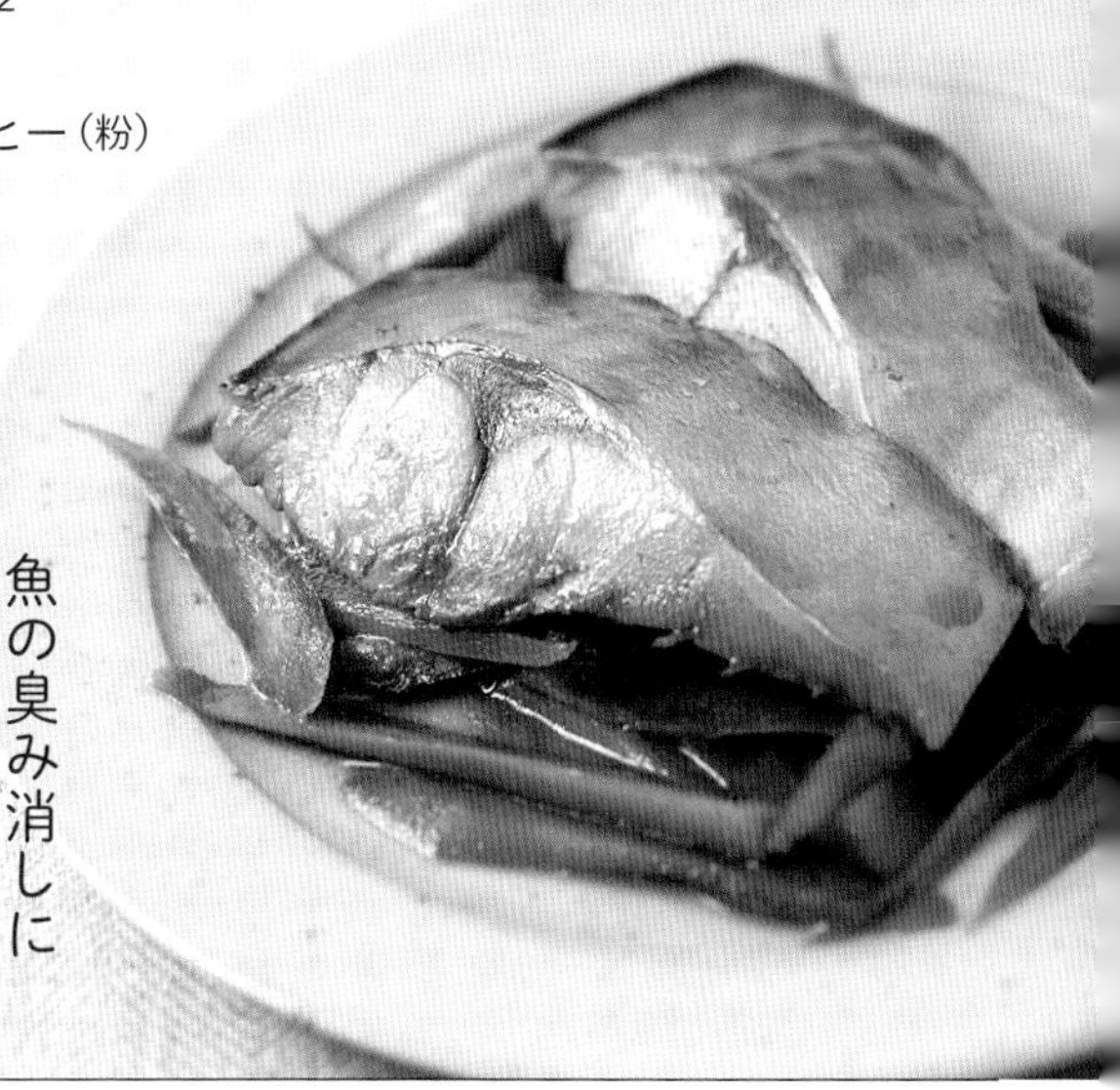

魚の臭み消しにほんの少しのコーヒーを。

材料と分量 つくりやすい分量

鯖（切り身）……3切れ
ごぼう……$\frac{1}{2}$本（150g）
オリーブオイル……小さじ$1\frac{1}{2}$
A 水……$\frac{3}{4}$カップ
　酒……大さじ3
　醤油……大さじ$1\frac{1}{2}$
　砂糖……小さじ2
　インスタントコーヒー（粉）……小さじ$1\frac{1}{2}$
ベイリーフ……1枚
胡椒……少々

1 鯖は1切れを半分に切り、ざるにのせて熱湯をまわしかける。ごぼうはささがきにし、水にさっとさらして水けをきる。**A**をボウルに入れ、よく混ぜ合わせておく。

2 フライパンを熱し、オリーブオイルを入れてごぼうを炒め、**A**を加えて煮立てる。

3 鯖、ベイリーフ、胡椒を入れ、アルミホイルで落としぶたをし、沸とう後、中～弱火で10分煮る。

洋風卵焼き

具材たっぷり、チーズの風味を楽しんで。

材料と分量 16cmのフライパン

卵……4個
玉ねぎ……30g
ハム（スライス）……2枚
ピーマン……1個
塩・胡椒……各少々
パルメザンチーズ（粉）……小さじ2
オリーブオイル……小さじ2

1 玉ねぎ、ハム、ピーマンは小さめの角切りに。卵は割りほぐして塩、胡椒、パルメザンチーズを加えて混ぜる。

2 フライパンにオリーブオイル小さじ1を熱して**1**の具材を炒め、塩、胡椒をふる。

3 残りのオイルを加え、卵液を流し入れ、半熟になるまで混ぜてふたをし、表面が固まるまで弱火で焼く。ひっくり返して反対側も同様に焼く。

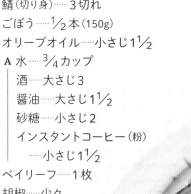

野菜で彩りをプラス！

いくつか用意しておきたい野菜のおかず。
レパートリーを増やしましょう。

小松菜と刻み昆布のごま醬油和え

材料と分量　つくりやすい分量

小松菜……1束
刻み昆布（乾）……10g
A すりごま……大さじ2
　醬油……大さじ1
　砂糖……小さじ1

1 刻み昆布は軽く洗い、水に浸してもどす。鍋に湯を沸かしてさっとゆで、小松菜もゆでて水けをしぼる。
2 昆布は食べやすい長さ、小松菜は3cm位に切り、**A**を合わせて和える。

昆布のかわりに、
ひじきやわかめでも。

たたきごぼうのカレー風味マリネ

材料と分量　つくりやすい分量

新ごぼう……200g
A カレー粉……小さじ1/4
　オリーブオイル……小さじ2
　醤油……小さじ1
　砂糖……小さじ1/2
　塩……小さじ1/4
　レモン汁……小さじ2

1　ごぼうは皮をこそげ、鍋に入る長さに切ってゆでる。沸とう後、弱火にして7～8分、好みのかたさに。

2　ざるにあけ、熱いうちに麺棒などでたたき、3㎝長さに切る。**A**を混ぜ合わせ、ごぼうを和える。

キャベツとひよこ豆の蒸し煮

材料と分量　つくりやすい分量

キャベツ……6枚
玉ねぎ……1/2個
にんにく……1/2片
ひよこ豆（ゆで・缶詰）……50g
生ハム……30g
オリーブオイル……大さじ1
水……1/2カップ
塩……小さじ1/5
胡椒……少々

1　キャベツはざく切り、玉ねぎは2～3㎜厚さの薄切り、にんにくは薄切りに。生ハムは食べやすくちぎる。

2　鍋にオリーブオイルを熱し、玉ねぎ、にんにくを炒めて香りを出し、キャベツを加えてさっと炒める。ひよこ豆、生ハム、水、塩、胡椒を加えて混ぜ、ふたをして沸とう後、弱火で10分くらい煮る。

和風おかずの定番に新しい味を。

豆も手軽にとりたい食材です。

野菜で彩りをプラス！

玉ねぎ味噌

材料と分量　つくりやすい分量

玉ねぎ……1個
サラダ油……小さじ2
味噌……100g
酒……大さじ2
砂糖……大さじ1
削り節……1/2パック（約2g）

1　玉ねぎは1㎝の角切りにし、フライパンに油を熱して透き通るまで炒める。

2　味噌、酒、砂糖を加えてぽったりするまで混ぜながら火を通す。削り節を加え、さっと混ぜて火をとめる。

つくっておくと便利な〝アレンジの素〟。焼いた厚揚げにのせたり、豚肉を炒めてからめたり、もちろん「ごはんの友」にも。

玉ねぎ味噌でアレンジ！

茄子のチーズ焼き

1　茄子2個を薄い輪切りにし、オリーブオイル小さじ1をフライパンで温めて両面を焼き、火を通す。

2　耐熱皿に茄子、玉ねぎ味噌大さじ2、ピザ用チーズ40gをのせ、オーブントースターで8～10分焼く。

焼きアスパラガスの中国風浸し

材料と分量　つくりやすい分量

グリーンアスパラガス……2束（200g）
長ねぎ……3cm
生姜……1/2片
赤唐辛子……1/2本
ごま油……小さじ2
A 水……1/2カップ
　醤油……小さじ1/2
　鶏がらスープの素……小さじ1/4
　塩……小さじ1/4
　胡椒……少々

1 アスパラガスはかたい部分を切ってはかまを落とし、魚焼きグリルなどで焼いて3等分に切る。長ねぎは芯を取ってせん切り、生姜はせん切り、赤唐辛子は種をとって輪切りにする。

2 Aを器に入れて電子レンジで1分加熱し、ごま油、長ねぎ、生姜、赤唐辛子を加えて、焼いたアスパラガスを浸す。

肉や魚のつけ合わせに。

シャキシャキした素材を生かして。

新じゃが芋の酢のもの

材料と分量　つくりやすい分量

新じゃが芋……皮をむいて200g
酢……大さじ1 1/2
塩……小さじ1/4
砂糖……小さじ2

1 じゃが芋は細いせん切りにして水にさらし、水けをきる。

2 鍋に湯を沸かしてじゃが芋を透き通るまでゆで、ざるにあげ水けをきる。調味料と混ぜ合わせる。

人参としらすの梅味ラペ

トマト煮豚

時間がおいしくするレシピ

できたてより、少しおいた方がよい味に。たっぷりつくって、味の変化を楽しみましょう。

トマト煮豚でアレンジ!

ブロッコリーとトマト煮豚のパスタ

材料と分量 2人分

スパゲッティ……160g
ブロッコリー……100g
にんにく……1/2片
赤唐辛子……1本
オリーブオイル……大さじ1
トマト煮豚……5枚
煮汁……大さじ3
塩・胡椒……各少々
パルメザンチーズ(粉)……適量

人参としらすの梅味ラペ

カルシウムも一緒に。

材料と分量 つくりやすい分量

人参……2本
塩……小さじ1/3
しらす干し……大さじ3
（熱湯をかけ水けをしっかりきる）
梅干し……大1個
A 酢……大さじ1
砂糖……小さじ1
オリーブオイル……小さじ2

1時間後位からおいしく食べられる。

1 人参は斜め薄切りにしてからせん切りにする。ボウルに入れ、塩を混ぜて15分くらいおき、水けをしぼる。

2 細かくたたいた梅干しにAを加えて混ぜ、1の人参を和える。しらすを加えて混ぜ合わせる。

トマト煮豚

定番の保存食をいつもと違う味で。

材料と分量 つくりやすい分量

豚肩ロースかたまり肉
（たこ糸でしばる）……450〜500g
塩……小さじ1/5
胡椒……少々
オリーブオイル……小さじ1
水……2カップ
酒……大さじ2
生姜……1片
トマト水煮缶（カット）……100g
醤油……大さじ2
砂糖……小さじ2
胡椒……少々

余った煮汁は焼き野菜などにかけるとおいしい。

1 豚肉は塩、胡椒をすりこみ、フライパンにオリーブオイルを熱して表面をきつね色に焼く。

2 豚肉がちょうどよく入る大きさの鍋に、1、水、酒、薄切りにした生姜を入れてふたをし、火にかける。

3 沸とう後、弱火で30分煮てから、トマト缶、醤油、砂糖、胡椒を加えて、ふたをとり、ときどき肉の上下を返しながら、中火でさらに10〜20分煮る（煮汁が半分以下に煮つまる）。

1 にんにくは粗みじん切り、赤唐辛子は輪切りにし、トマト煮豚は1cm幅くらいの短冊に切り、ブロッコリーは小房に分ける。

2 スパゲッティは塩を入れた湯で表示時間通りにゆでる。ゆで上がりの2分位前にブロッコリーを入れ、一緒にゆで上げる。

3 スパゲッティをゆでている間に、フライパンにオリーブオイル、にんにく、赤唐辛子を入れて中火にかける。香りが出たら、ゆで上がった2と煮豚を入れて炒め、煮汁、塩、胡椒を加え、炒め合わせる。

4 器に盛り、パルメザンチーズをかける。

時間がおいしくするレシピ

鶏手羽中の韓国風煮

フライパンひとつでできる甘辛味の鶏料理です。

材料と分量　つくりやすい分量

鶏手羽中……300g
塩・胡椒……各少々
人参……1/2本
長ねぎ……5cm
にんにく……1/2片
赤唐辛子……1本
ごま油……小さじ2
A 醤油……大さじ1 1/2
　コチュジャン……小さじ1
　砂糖……小さじ2
　酒……大さじ2
　水……1/2カップ
白いりごま……小さじ1

1　鶏手羽中にフォークなどで穴をあけ、塩、胡椒をする。人参は乱切り、長ねぎ、にんにくはみじん切り、赤唐辛子は種をとって輪切りにする。**A**をボウルに入れ、よく混ぜ合わせておく。

2　フライパンを熱してごま油をひき、鶏手羽中をきつね色に焼く。人参、にんにく、長ねぎ、赤唐辛子を入れて炒め、**A**を加えてふたをし、沸とうしたら弱火で10分位煮る。

3　ふたをはずし、火を強めて煮汁をとばしながらからめ、仕上げにごまを加えて混ぜる。

鰯とねぎのゆず胡椒煮

1　鰯はうろこをとって頭を切り落とし、内臓をのぞいてよく洗う。水けをふいて、長さを半分に切る。長ねぎは3cm長さに切り、生姜は薄切りにする。

2　フライパンにAと、1で切った生姜と長ねぎを入れて煮立て、鰯を入れ、落としぶたをする。中火から弱火で10分、ゆず胡椒を加えて溶かし、さらに2～3分煮る。

材料と分量　つくりやすい分量

鰯……4～6尾
長ねぎ……1本
生姜……$\frac{1}{2}$片
A 水……1カップ
　だし昆布……6cm角位
　酒……大さじ3
　みりん……大さじ1
　塩……小さじ$\frac{1}{3}$
　酢……大さじ2
ゆず胡椒……小さじ$\frac{1}{4}$～$\frac{1}{3}$
（好みで加減する）

くたくたのねぎも
たまらなくおいしい。

セロリとパプリカ、焼きたらこのガーリック風味マリネ

材料と分量　つくりやすい分量

セロリ……1本
塩……少々
パプリカ（赤）……1個
たらこ……$\frac{1}{2}$腹
にんにく……$\frac{1}{2}$片
オリーブオイル……大さじ$1\frac{1}{2}$
塩……少々
胡椒……少々

1　セロリは筋をとって5㎜幅の斜め切りに。塩をふって5分ほどおき、水けを軽くしぼる。パプリカは縦半分に割り、種をとってグリルで焦がさないように焼く。粗熱がとれたら、太めのせん切りにする。たらこも焼き、粗くほぐす。にんにくは薄切りにする。

2　1をすべてボウルに入れ、オリーブオイル、塩、胡椒を加えて混ぜ合わせる。

たらこの塩味が野菜の香りを引き立てます。

さっとできて、これだけで満足！

あれこれと
おかずをつくるのが
面倒な日は、ひと皿ですむ
メニューがおすすめ。
パスタ、うどん、そうめん、パン。
定番の炭水化物に目先の変わった具を
合わせると、新鮮な味が楽しめます。

トマトの酸味と、
そうめんでさっぱりと。

イタリアンそうめん

材料と分量 2人分

そうめん……2束（100g）

A にんにく……1片
玉ねぎ……20g
オリーブオイル……大さじ1

B トマト……大1個（200g）
めんつゆ……大さじ2強
レモン汁……小さじ1

バジルまたは青じその葉……適量
黒胡椒・オリーブオイル……適量

1 トマトは1cm角、にんにく、玉ねぎはみじん切りにする。

2 耐熱容器に**A**を入れて混ぜ、電子レンジに1〜2分かけて、**B**を加えて冷やす。

3 そうめんをゆでて洗い、水けをよくきって**2**に混ぜる。

4 器に盛り、バジルか青じその葉をちぎってのせ、黒胡椒、オリーブオイルをふる。

クリームスープパスタ

まろやかなクリームパスタ、1人分なら、電子レンジで。

レンジに入れる分量は1人分がベスト。スパゲッティは5分ゆでのものを使用。加熱時間は表示+3〜5分が目安。途中で一度混ぜるとよい。
フライパンで同様の手順でつくるときは、ゆで時間は表示＋1〜2分で。

材料と分量 1人分

スパゲッティ……80g
A 水……300ml強
　コンソメ（顆粒）……小さじ1
　塩……ひとつまみ
　胡椒……少々
玉ねぎ……50g
ベーコン（薄切り）……1枚
しめじ……50g
生クリーム……大さじ2
パルメザンチーズ（粉）……適量

1 玉ねぎは薄切り、ベーコンは1㎝幅に切る。しめじは石づきを落としてほぐす。

2 深めの耐熱容器に**A**を混ぜる。

3 スパゲッティは半分に折り、**2**にばらしながら入れる。具材の**1**をのせ、ふたはせずにレンジに10分かける。

4 容器をとり出し、箸で混ぜてスパゲッティのかたさを確認する。ちょうどよくなったら生クリームを加える。

5 器に盛りつけ、パルメザンチーズをふる。

とろとろ冷やしうどん

食物繊維たっぷりの
ヘルシーメニュー。

うどんを蕎麦に替えても。

1 長芋は流水で解凍する。わかめは水でもどす。オクラはレンジに30秒ほどかける。
2 梅干しは種を取り、包丁で細かくたたく。
3 うどんはゆでるかレンジで温め、冷水でしめる。水けをよくきり、器に盛る。
4 具材をのせ、表示通りに水で割っためんつゆをかける。

材料と分量 2人分

冷凍うどん（細めん）……2玉
冷凍長芋（とろろ）……80g
カットわかめ（乾）……2つまみ
冷凍オクラ……30g
梅干し……2個
天かす……大さじ2強
削り節……適量
A めんつゆ（濃縮タイプ）……大さじ2
　水……適量

明太豆乳うどん

1 明太子は薄皮をのぞき、飾り用に少しとりおく。
2 アボカドはつぶしてレモン汁を混ぜておく。
3 うどんはゆでて、水けをきるか、レンジで温める。
4 別の鍋に**1**と**A**を入れて温め、ふつふつしたら水けをきったうどんを入れる。ひと煮立ちしたら火をとめて器に盛る。
5 アボカド、**1**で残しておいた明太子、刻み海苔をのせ、混ぜながらいただく。

明太子のうまみと辛味が
まろやかな豆乳のスープを
ピリッとひきしめます。

材料と分量 2人分

冷凍うどん……2玉
明太子……1腹（50g）
A 豆乳（成分無調整）……200ml
　めんつゆ（濃縮タイプ）……大さじ1
アボカド……1/2個（約50g）
レモン汁……小さじ1
刻み海苔……適量

カリカリ豚バラにゅうめん

材料と分量 2人分

- そうめん……2束（100g）
- 豚バラ肉（薄切り）……60g
- 塩・胡椒……各少々
- にら……50g
- A だし……600ml
  - 酒……大さじ$1\frac{1}{2}$
  - みりん……小さじ2
  - 薄口醤油……大さじ1
  - 塩……小さじ$\frac{1}{3}$
- 黒胡椒……適量
- 好みでナンプラー（タイの魚醤）……少々

1 豚バラ肉は2cm幅に切って鍋または大きめのフライパンに並べ、塩、胡椒をふって弱火でカリカリになるまで焼き、キッチンペーパーに上げておく。出た脂は大さじ1ほどフライパンに残しておく。

2 そうめんはかためにゆでて水洗いし、水けをきる。

3 にらを2～3cm長さに切り**1**の鍋またはフライパンでしんなりするまで炒める。**A**を加え、煮立ったら**2**を加えて、ひと煮立ちしたら火をとめて器に盛る。

4 **1**の豚肉をのせ、黒胡椒をふり、好みでナンプラーをふる。

ビタミンB_1豊富な豚バラ肉には疲労回復効果があります。

海苔弁風トースト

1　削り節に醤油、水をふり（湿らせる程度）、食パンに少しずつのせる。チーズとちぎった海苔をちらす。

2　チーズがとけるまで3～4分、オーブントースターで焼く。

材料と分量　2人分

食パン（6枚切り）……2枚
削り節……1パック（5g位）
醤油・水……各少々
焼き海苔……$\frac{1}{2}$枚
ピザ用チーズ……30g

パンに削り節と海苔、醤油。思いがけないおいしさです。

ツナピザトースト

1 玉ねぎ、生椎茸は薄切りに、ピーマンは細切りにする。

2 食パンにAをぬり、1、ツナ、チーズの順でのせる。

3 オーブントースターで5分ほど、香ばしく焼く。

常備しておくと大活躍のツナ缶。チーズと合わせて、手軽な一食に。

材料と分量 2人分

食パン(6枚切り)……2枚
A マヨネーズ……小さじ2
　ケチャップ……小さじ2
玉ねぎ……小1/4個
生椎茸……1枚
ピーマン……1/2個
ツナ缶……30g
ピザ用チーズ……30g

2でマスタードをぬってもおいしい。

しらすねぎチーズトースト

包丁不要ですぐできます。

1 食パンにマヨネーズをぬり、しらす、青ねぎ、チーズをのせる。

2 オーブントースターで5分ほど香ばしく焼く。

材料と分量 2人分

食パン(6枚切り)……2枚
マヨネーズ……小さじ2
しらす干し……20g
刻み青ねぎ……20g
ピザ用チーズ……30g

青ねぎはキッチンばさみで切ると、まな板を洗う手間が省ける。

青味があると、彩りもよく、食欲も増すので、パセリや小ねぎなどは、刻んで冷凍しておくと重宝。

鶏肉と大根のおかゆ

鶏だしのうまみが
しみわたるおかゆで、
からだを温めて。

1　鶏肉はぶつ切り、大根は3cmほどの乱切り、生姜はせん切りにする。

2　鍋に600mlの水と鶏肉、生姜、洗ってざるに上げた米を入れ、強火にかける。

3　沸とうしたらしゃもじで底から返し、大根を加えとろ火にして30～40分ふたをして煮る。

4　塩（分量外）で味を調える。

材料と分量　2人分

米……1/4カップ
鶏もも肉……100g
塩……小さじ1/2
大根……150g
生姜……10g

［下ごしらえ］
鶏肉に塩をまぶして、一晩おく。

大根は消化促進、咳止めに、鶏肉は体力回復、消化を助ける効果があります。

スルメイカとセロリのおかゆ

「あたりめ」のだしと
さわやかなセロリは、
相性抜群です。

1　水に浸けておいたスルメイカを粗みじん切りにする。セロリは茎と葉に分け、茎は筋をとって3cm長さに切り、葉はざく切りにする。

2　鍋にスルメイカの浸け汁すべてと水300ml、セロリの茎、スルメイカ、鶏がらスープの素、洗ってざるに上げた米を入れ、火にかける。

3　沸とうしたら、しゃもじで底から返し、とろ火にして30分、ふたをして煮る。火をとめる2～3分前に、セロリの葉を加えて蒸らす。

4　味をみて塩けが足りなければ、調味する（分量外）。

材料と分量　2人分

米……1/4カップ
スルメイカ（乾）……1/2枚
セロリ……1本
鶏がらスープの素……小さじ1/2

［下ごしらえ］
スルメイカは大きめに切って、200mlの水に一晩浸けておく。

あんかけおかゆ温泉卵添え

材料と分量 2人分

米……$\frac{1}{2}$カップ

A かつおだし……200ml
　醤油・みりん……各小さじ2
　塩……小さじ$\frac{1}{3}$
　片栗粉……小さじ2

温泉卵……2個

1 米をといで鍋に入れ、水600mlを加えて強火にかけ、沸とうしたらしゃもじで底から返し、ふたをしてとろ火で30〜40分煮る。

2 別の鍋に**A**を入れ、混ぜながらとろみがつくまで煮る。

3 おかゆを器に盛り、**2**のあんをかけ、温泉卵をのせる。

やさしい味と口あたりで
するりと胃におさまります。

炊飯器におかゆモードがあれば使うとよい。市販のおかゆを使うとさらに楽。梅干しや高菜漬けを添えても。

うちのごはん　新スタイル1

市販品もお弁当も〝わが家の味〟に

大西典子さん（84歳）

あの手この手で
少量多種類に

きゅうりとかぶ
＋
塩麹
鯖の味噌煮（生協の冷凍品）
＋
オーブントースターで
焼き目をつけたねぎ
ほうれん草おひたし
＋
酢漬け人参
＋
煮豆（冷凍）
薄切りトマト
＋
酢漬け玉ねぎ
無洗米
＋
発芽玄米のごはん
味噌汁
（フリーズドライ）
＋
味噌汁の具
＋
刻みねぎ

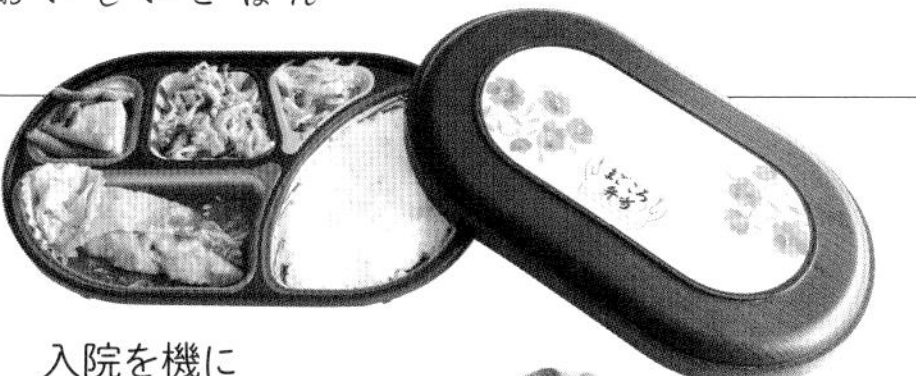

入院を機に
頼み始めたお弁当。
彩りも味もよし。

お弁当は柔らかめに調理され、90歳の夫、利美さんにも食べやすい。

手づくりだけでは乗りきれない

2年前、肺に腫瘍が見つかり入院・手術を告げられた大西さん。入院中、そしてもしものとき夫は？ 病気の不安と共に押し寄せたのが3度の食事の心配でした。即、何軒かのシニア向き弁当店を試し、週1日から配達、味も値段も納得の1軒を手配。

幸い病気は初期で2週間で退院したものの、体力は低下。手づくり料理中心の食生活から「生協などの買いおき食品＋市販のお惣菜＋お弁当＋つくりおき」の組み合わせ、という新たなチャレンジが始まりました。

「お弁当は週に2度ほどお願いしていますが、気持ちにとても余裕ができますよ」

商店街ではお惣菜をお試し購入。中堅スーパーSは「だしをきちんととっていて、ほかの物も確か」とひじきの煮ものや卯の花を食卓に。

「体調は85％くらい回復。牛丼の具の展開料理や、インスタントのお味噌汁にちょっとねぎを足すとか、考えるのも楽しくなってきて」

人それぞれに近づく調理定年。状況を嘆かず「力の抜き方も新たな学び」と笑顔の大西さんご夫妻です。

キャベツ、アスパラ、ブロッコリー……くせのないものから順に一つの鍋で野菜をゆでます。少なめの湯で、ふたをして蒸しながらさっとゆでるとおいしく。

少しだけ食べたいものは

良心的なスーパーで、切り干し大根、ひじき、卯の花のセットを購入。少量がありがたい。

彩り酢漬けセット

野菜をせん切りにして米酢に漬けておきます。保ちもよく、味の変化にも。

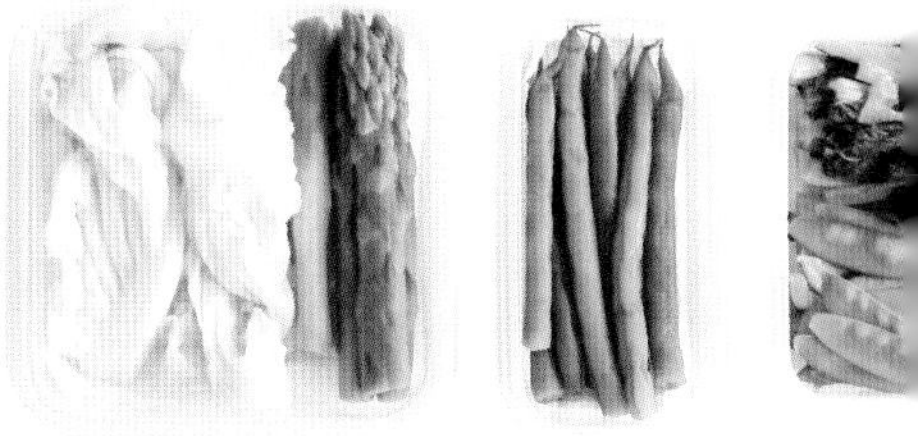

ゆで野菜を少しずつ

お弁当やできあい品に添えると、栄養バランスも彩りもよくなって「わが家の食卓」に。

＊年齢は2018年取材当時のものです。

大西さんのあると便利な食材とアレンジ

牛丼の具の3変化

生協でまとめ買いしておく牛丼の具（冷凍）1パックは2人分にアレンジできて助かります。

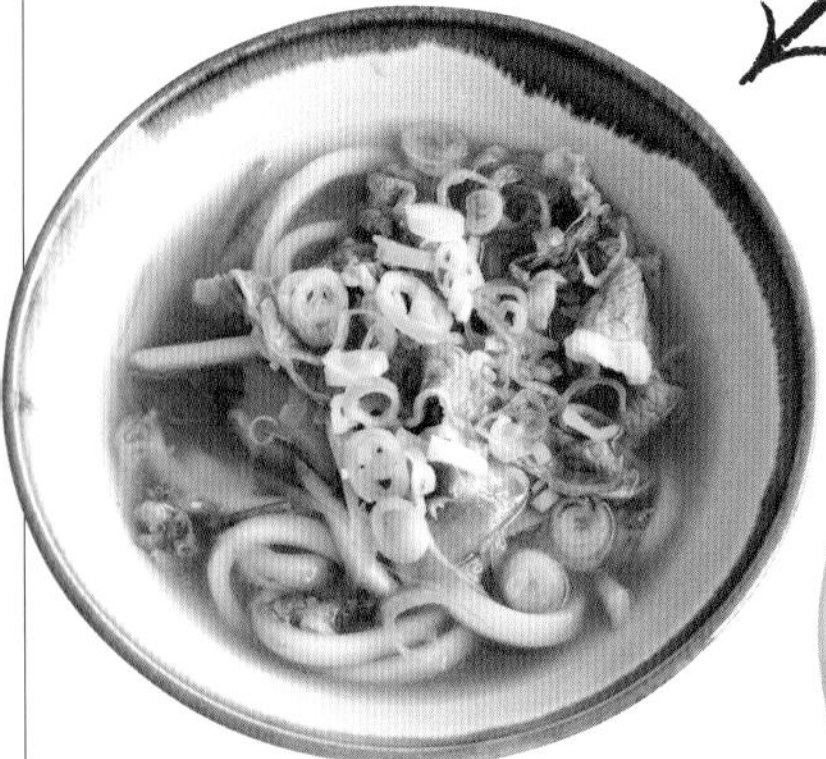

肉うどん

香川出身の夫の好きなさぬきうどん（乾麺）をゆでておき、汁をはって温めた牛丼の具と刻みねぎをのせる。

肉じゃが

じゃが芋、人参、糸こんにゃく、さやいんげんを加え、牛井の具だけの味つけで。

肉豆腐

焼き豆腐としめじをだしでさっと煮て、牛丼の具を加え、味をみて醤油を足し、ゆでたさやえんどうをあしらう。

心強い買いおき食品

冷凍

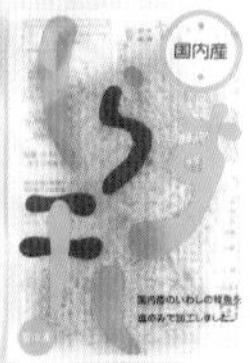

しらす干し

しじみ

鰆の西京漬け

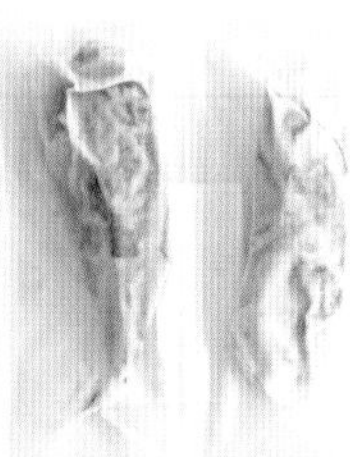

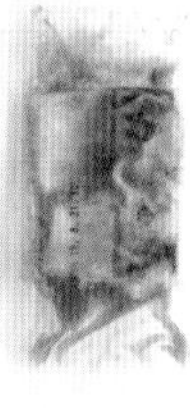

鯖の味噌煮

常温

フリーズドライの味噌汁

発芽玄米ごはん

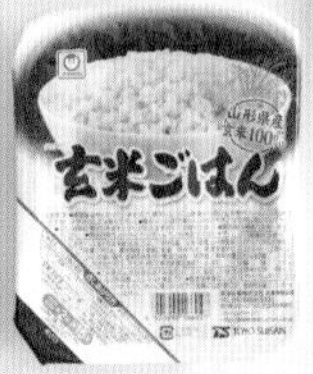

玄米ごはん

味噌汁の具

生協でとり寄せる魚。主菜がすぐととのう安心感があります。しらす干しは少しずつ使えて便利。

災害のときにも役立つごはんは多めに常備。からだにいい玄米も。味噌汁も味のよいものを選んでいます。

2
視点を変えると暮らしが楽に

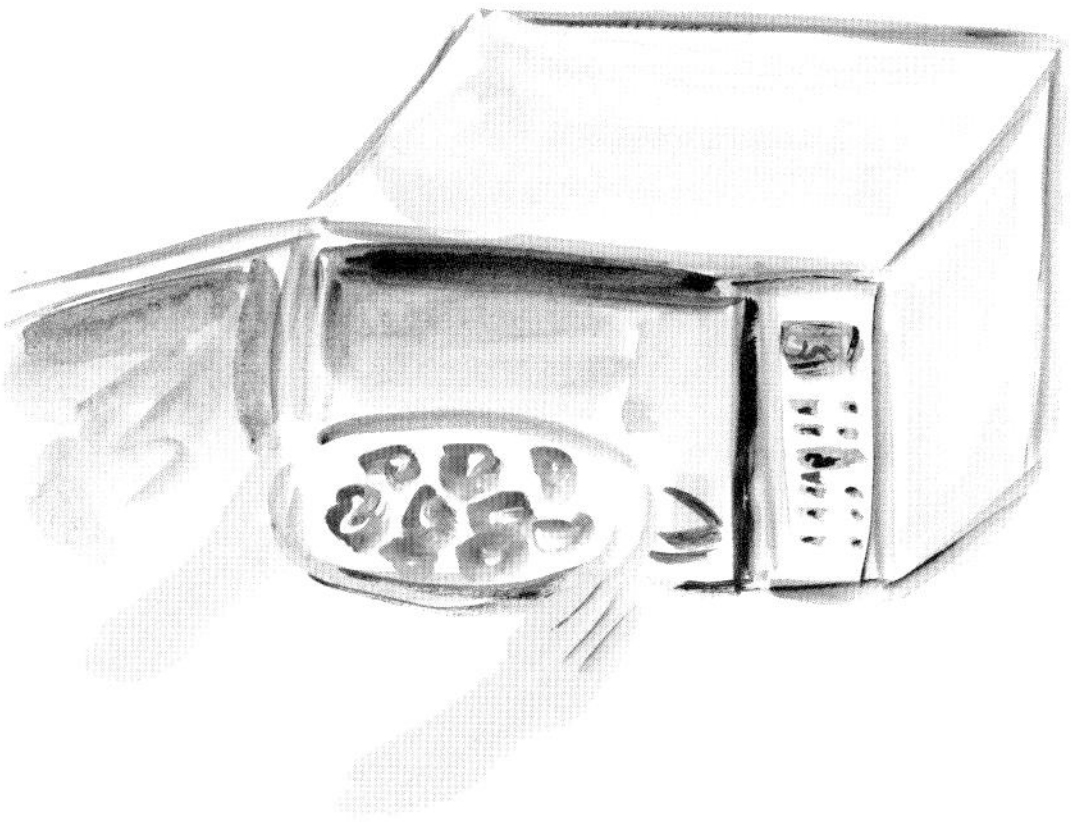

手づくり中心の食生活をしてきた人ほど
力の抜き方がわからないものかもしれません。
ちょっと視点を変えてみると、
毎日使う道具やコンビニの加工食品も、
くたびれたときの力強い味方です。
まずは、電子レンジや圧力鍋を上手に使いこなす
ギオ恵子さんのかろやかな暮らしからご紹介しましょう。

きのこのオイル漬けなど常備菜はもちろん、使いかけの野菜、トマトソース、ごはんや味噌汁、カットしたフルーツなども、におい移りのない瓶に入れて冷蔵庫へ。

ギオ恵子さんのくたびれない暮らし

スタスタ歩いて、肌はつやつや。
お腹から出る笑い声もよく通ります。
ギオ恵子さんに元気の秘密を聞くと
そこには合理的な食の考えと、料理を
重荷にしないかしこい営みがありました。

ある日のギオさんの買い物は、ほうれん草2束、りんご5個、豚のかたまり肉800グラム、鰆4切れ。ひとり暮らしにはかなり多い量ですが、これを一度に調理してしまいます。

「毎日夕方2、3時間、散歩がてらウィンドーショッピングに出かけて、必要な買い物はその

右上・ハンドブレンダーでつくる自家製マヨネーズ。中・シルバーグレイヘアにグリーンのセーターが映えるギオさん。左上・フードプロセッサーや保存用の瓶は冷蔵庫脇に整然と。右下・自著やイタリアから持ち帰った料理書などは自作した棚に。左下・フルーツは冷蔵庫には入れず、かごに盛って追熟させる。

ときに。かなり歩いてくたびれてますから、その日は冷蔵庫に食料を入れるだけにとどめ、調理するのは翌日の午前中」

朝は6時位に起床して、牛乳と紅茶をたっぷり用意し、数独をしたりラジオを聴いたりしながらゆっくり過ごし、「脳と体が活性モードになったら、料理にとりかかります。たとえば、鰆は味噌漬けに、豚肩ロースはポットローストに、ほうれん草はゆでて冷蔵し、りんごはしばらく常温でおいて、甘くなったところでデザートに」

午前中にしっかり台所仕事をするのは、ギオさんが結婚してイタリアで暮らし始めた20代の

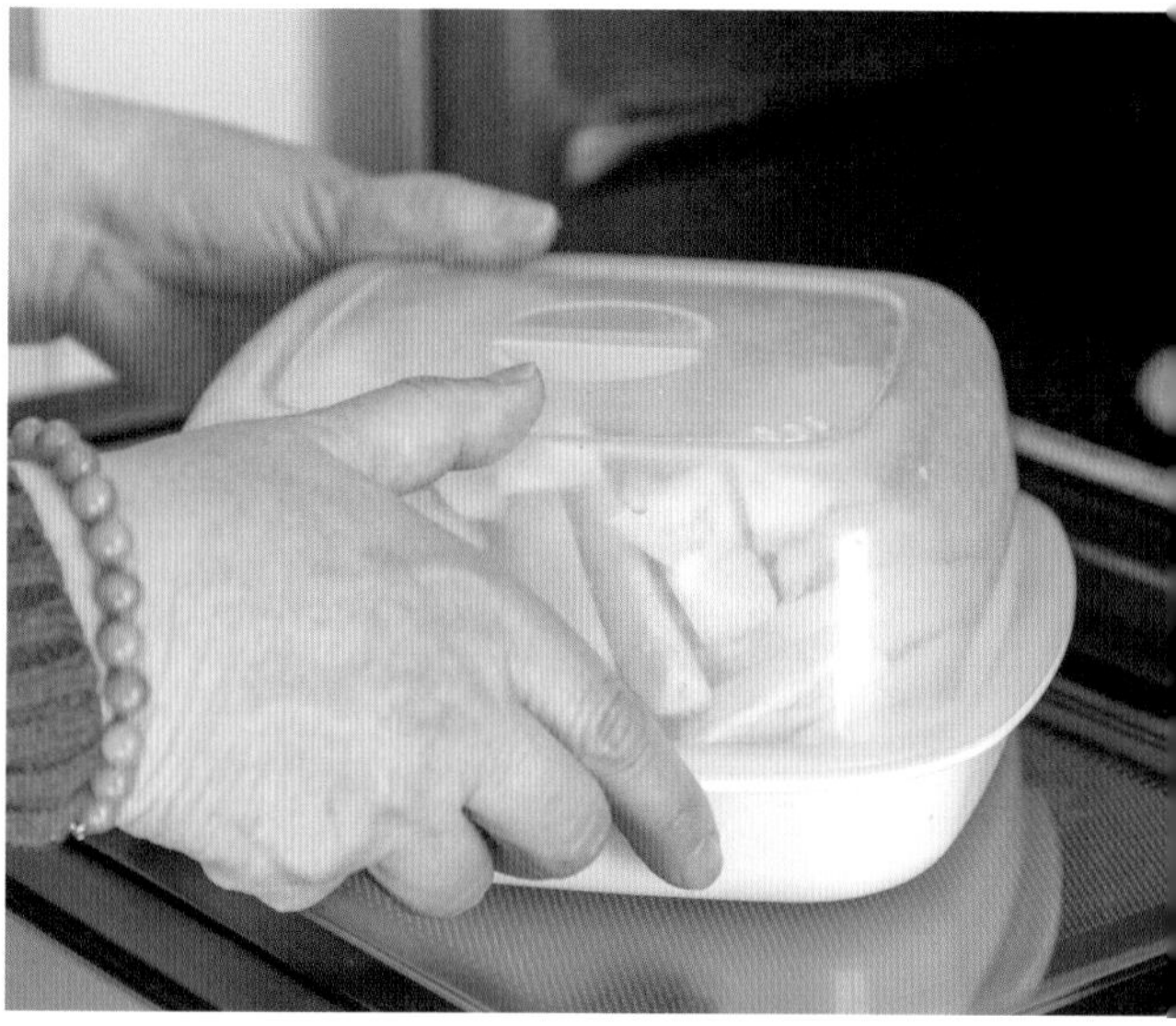

右上・調味料はあれこれ持たず、種類を決めている。ごま油がほしいときは米油にごまをすって加える。右下・ラップは使わず、レンジ用の容器とふたを使用。左・清潔なシンクまわり。左端にあるのは愛用のピーラー。

ころからの習慣で、料理をしない日は掃除をしたり、洗濯をしたり。そうして午後は好きなことに時間を使って過ごします。

1日のメインの食事は午前10時半くらいに。ごはん、味噌汁、納豆、漬けものが定番で、赤身の肉や魚などたんぱく質は、意識的に1日150グラム以上食べるようにしているそう。

「最近は一気に何品も料理する気力がなくなったので、今日はシュウマイ、明日はハンバーグというふうに1日1、2品だけつくり、瓶に詰めて保存します。そうすると毎日料理をしなくても、食卓にバラエティに富んだものが並びますし、ふいの来客に慌てることもありません」

そんなギオさんの調理に活躍するのが電子レンジと圧力鍋。道具を上手に使えば、日々の調理はずいぶん効率よくなります。まずは、ギオさん真骨頂のレンジレシピから紹介しましょう。

電子レンジだからおいしい！

鰆の味噌漬け

グリルを使うより、魚はふっくら、野菜や卵料理もかんたんです。お皿にのせて調理すれば、洗いものが減るのもうれしいところ。〝レンジでチン〟の一歩先行く料理です。

3切れ一緒に食卓に出したい場合は、ひと切れずつ加熱したあと、ひと皿にまとめてのせてふたをし、もう一度レンジで20〜30秒温める。

材料と分量 3人分

鰆（鮭・鰤など切り身）……3切れ
味噌……大さじ1
酒……大さじ1
油……大さじ1
香辛料（ガーリックパウダー・山椒パウダー・パセリ・あさつきなど）……少々

1 漬けおきできる容器に魚以外の材料を混ぜ合わせる。

2 魚を入れ、**1**の味噌だれを表裏にぬってふたをし、冷蔵庫で2、3日漬ける。

3 皿の上に軽く油（分量外）をひき、味噌だれをぬぐった切り身を皮目を下にしてひと切れのせ、キッチンペーパーをかぶせて、レンジで1分半〜2分加熱する。

4 レンジからとり出したら、ひっくり返して皮目を上にする。

ひかえめな調味料で
味が決まります。

れんこんのきんぴら

1　材料をすべて合わせてよく混ぜ、耐熱皿にのせる。
2　少しずらしてふたをのせ、レンジで4分加熱する。
3　いったんとり出し、上下を返してよく混ぜ、ふたをしてさらに3分加熱する。

材料と分量　つくりやすい分量

れんこん（薄切り）……300g
米油など植物油……大さじ4
醤油……大さじ1½〜2
七味唐辛子……少々

れんこんの厚さや好みの固さに合わせて加熱時間を調節すること。

茄子のごま味噌和え

材料と分量　つくりやすい分量

米茄子……400g
塩……少々
米油など植物油……大さじ3
味噌……大さじ1
白すりごま……大さじ1
茄子の蒸し汁……大さじ1
山椒……少々

1　茄子は皮をむいて4〜5㎝長さの棒状に切り、塩をふって容器に入れ、少しずらしてふたをし4分加熱する。
2　いったんとり出し、茄子に竹串がすっと入るくらい柔らかくなったら、上下を返し、ふたをしてさらに2〜3分レンジで加熱する。
3　ボウルなどにほかの材料を入れて混ぜ、2の茄子と蒸し汁を加えて和える。

気軽にできる蒸し茄子。
冷めてもおいしい。
竹串を刺して柔らかさを確かめて。すぐ食べるより翌日以降の方が、味がなじんでおいしい。

イタリア風卵焼き

お気にいりのグラタン皿で、ちょっと豪華なもてなし料理にも。

材料と分量 グラタン皿（容量 約400ml）

A 卵……3個
　ゆで野菜（ブロッコリー・じゃが芋・ほうれん草など食べやすい大きさで）……100g
　チーズ（パルメザンチーズ・ピザ用チーズ）……50g
　トマトソース……大さじ2
　（トマト中1個を湯むきしてつぶしても）
　パン粉（残ったパンを細かくしても）……大さじ2
パン粉……大さじ2
オリーブオイル……大さじ2

1 グラタン皿にオリーブオイル大さじ1をひいて、パン粉大さじ1をふる。
2 Aをよく混ぜ、オーブン皿に入れる。
3 残りのパン粉大さじ1をふり、オリーブオイル大さじ1をかけ、ふたをのせて、レンジで5分加熱する。
4 ふたをはずし、グリルで表面がこんがりするまで7～8分焼く。

圧力鍋はくたびれない生活の強い味方。

けんちん汁や豚汁、煮ものなど、「毎日の料理にこそ圧力鍋が欠かせません」とギオさん。短時間の加圧で食材は柔らかく、味もしっかりしみます。今回はイタリア風のじゃが芋料理をご紹介。

じゃが芋の下ごしらえ

皮つきのじゃが芋大6～7個を、よく洗って圧力鍋に入れ、たっぷりの水と塩小さじ2を加えて火にかける。圧力がかかったら12～15分ほどゆでる。圧力が抜けたら、熱いうちに皮をむく。

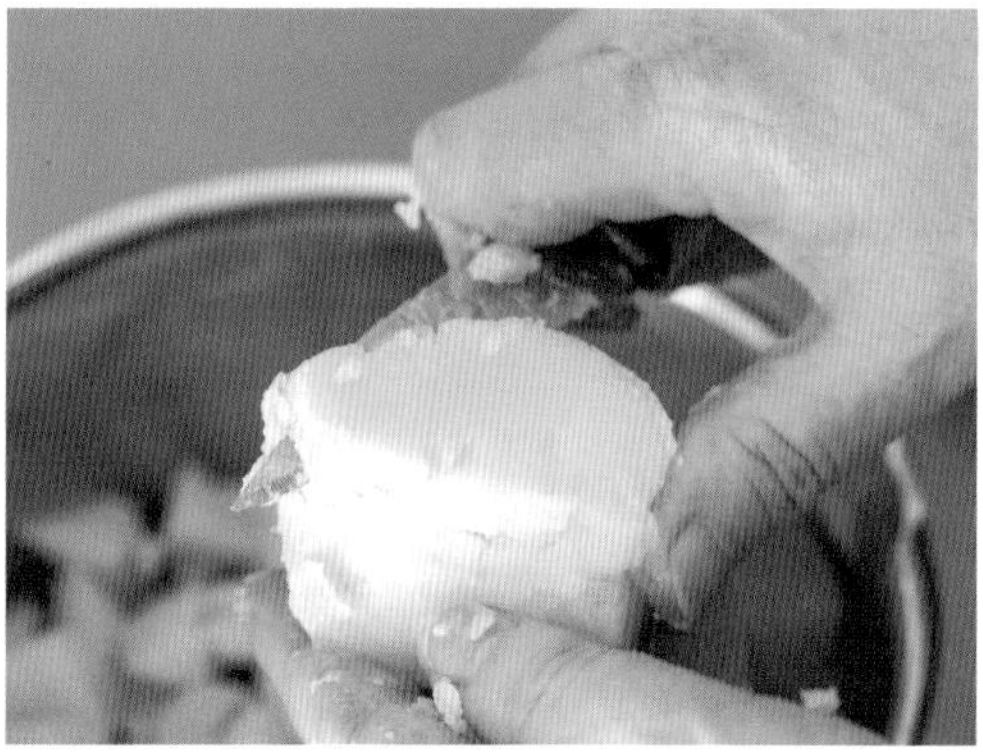

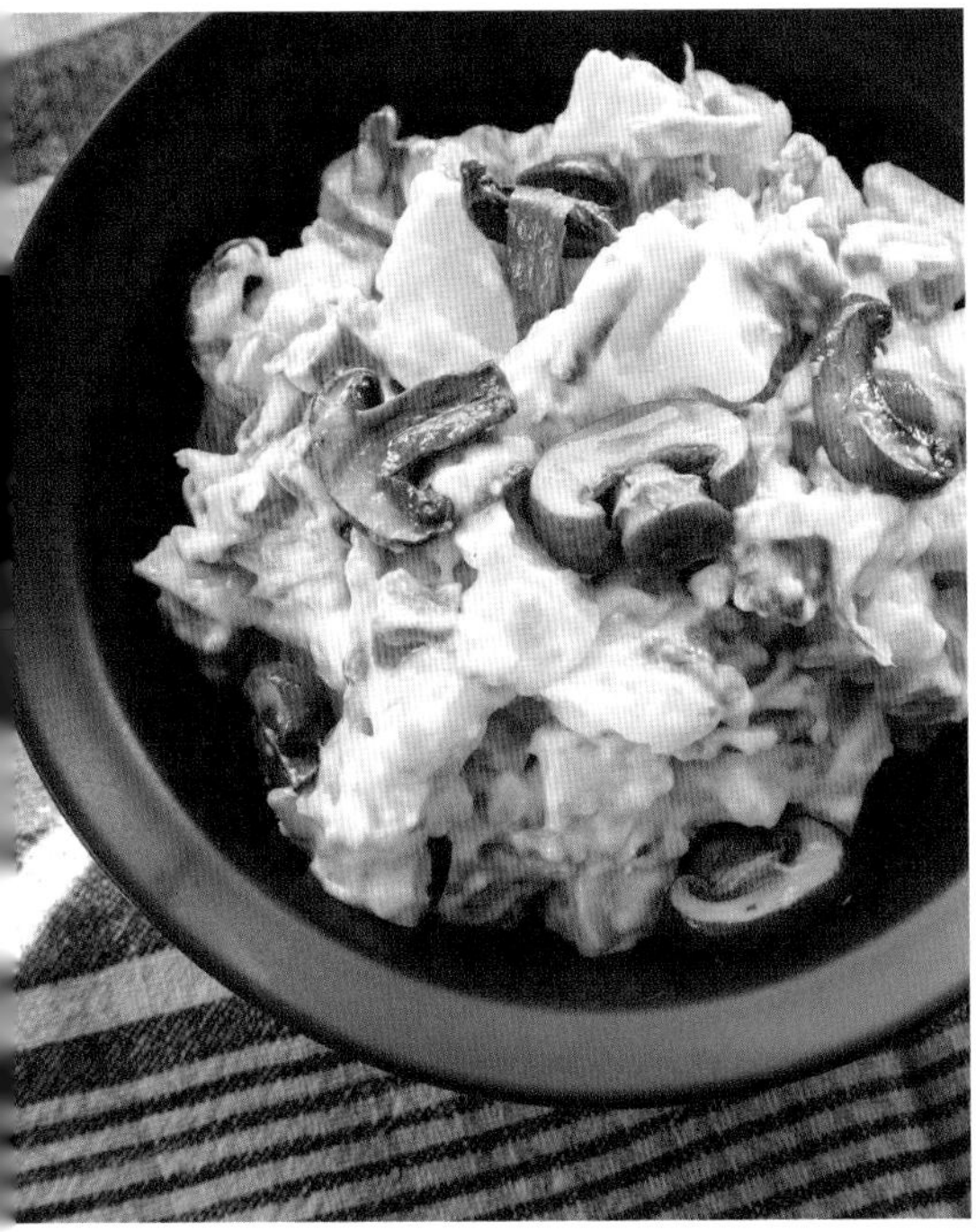

きのこ入りポテトサラダ

1 じゃが芋は冷ましてから小さめの角切りにする。

2 人参はじゃが芋と同じような大きさに切り、電子レンジに3分かける。いんげんは15分ゆでてから同じくらいの大きさに切る。

3 ボウルに材料を全部入れて混ぜる。

材料と分量 つくりやすい分量

ゆでて皮をむいたじゃが芋……2〜3個
人参……150g
さやいんげん……100g
きのこのオイル漬け……大さじ3〜4（つくり方参照）
マヨネーズ……適量

きのこのオイル漬け

材料と分量 つくりやすい分量

きのこ（しめじ・マッシュルームなど）……200g
酢……50ml
水……50ml
塩……小さじ1½
粒胡椒……5〜6粒
ベイリーフ……1枚
オリーブオイル……適量

つくって2週間後から食べはじめる。冷蔵保存で4〜5カ月で食べきるとよい。

1 きのこは食べやすい大きさに切るか小房に分ける。

2 オリーブオイル以外の調味料を鍋に入れて火にかけ、沸とうしたら1を加えて火を弱め、5分ほど煮る。

3 ざるに上げ、バットに広げて1~2時間乾かし、ギュッと押しながら瓶に詰め、きのこがかくれる位たっぷりオリーブオイルを注ぎ、ふたをする。

イタリア風マッシュポテト

材料と分量 つくりやすい分量

ゆでて皮をむいたじゃが芋
……3〜4個
オリーブオイル……大さじ3〜4
塩……約小さじ1
胡椒……少々

じゃが芋は熱いうちならきれいに皮がむけ、つぶすのも簡単。つくりおきした分は、食べるときに電子レンジで温めるとよい。

1 皮をむいたじゃが芋は、熱いうちにフォークの背でつぶす。

2 オリーブオイルと塩、胡椒で味つけする。

スイッチひとつで
主食も主菜も
炊きこみごはん

お米に具を合わせる
炊きこみごはんは〈主食＋主菜〉で、
食べやすいうえに栄養満点。
その組み合わせの幅を広げ、
自由においしくアレンジしました。
考案者の本谷恵津子さんによると、
「よく一汁一菜と言うけれど
炊きこみごはんとお味噌汁があれば
じゅうぶんでしょう？」
とくべつな材料は必要ありません。
常備している乾物や缶詰だけでも
だいじょうぶ。炊飯器に入れて
スイッチ、オン。あとは、
汁ものの準備だけしてお待ちください。

切り干し大根のバターライス

かみしめるたびに
切り干し大根と
牛ひき肉の
うまみがしみわたります。

牛ひき肉はから炒りせずに、直接炊飯器に入れてもよい。

材料と分量 つくりやすい分量

米……2合
切り干し大根(乾)……20g
牛ひき肉……100g
塩……小さじ$2/3$
バター……20g
パルメザンチーズ……適量

1 切り干し大根は水でもどし、粗く切っておく。
2 米をとぎ、切り干し大根のもどし汁を加え、ふつうに水加減する。
3 牛ひき肉はフライパンでから炒りし、塩で下味をつける。
4 2に1と3を入れてざっと混ぜ、ふつうに炊く。
5 炊きあがったらバターを加えてほぐす。
6 器に盛り、パルメザンチーズをかける。

鮭の炊きおこわ

銀杏をちらしたら、
ちょっとごちそう風。
おもてなしにも活躍します。

材料と分量　つくりやすい分量

米……$1\frac{1}{2}$合
もち米……$\frac{1}{2}$合
（米2合でもよい）
生鮭の切り身……2切れ（100g）
A 酒……大さじ2
塩……小さじ$\frac{1}{2}$
生姜……ひとかけ
れんこん……100g
銀杏（水煮）……10〜15粒
昆布……1枚（3〜4cm角）
塩……小さじ$\frac{1}{2}$

塩鮭でもおいしい。その場合、A の塩は控えること。

1　生姜は皮をむいてせん切り、れんこんは皮をむいて薄いいちょう切りにしたあと水に放し、水けをきっておく。

2　米ともち米は合わせてとぎ、ざるに上げておく。

3　鮭は骨と皮をとりのぞいて2〜3cm角に切り、**A**をふっておく。

4　炊飯器に米を入れて水加減したら、昆布、塩、**1**、**3**をのせてふつうに炊く。

5　銀杏は水けをきり、炊きあがったごはんに加えてしゃもじでさっくり混ぜる。

五目ひじきごはん

1 油揚げは縦半分に切って2〜3㎜幅の細切り、人参とごぼうはささがきにし、ごぼうは水に放してから水けをきっておく。しらたきは、はさみまたは包丁で食べやすい長さに切る。干し椎茸は乾いたまま手で割るか、ビンの底などでたたいて、食べやすい大きさに砕く。

2 炊飯器に米と**A**を入れて水加減し、具材をすべてのせてふつうに炊く。

3 炊きあがったら、さっくりとほぐすように混ぜる。

炊く前

芽ひじきはそのまま。
干し椎茸は手で割って。
つくり方はダイナミックですが、
味は、なんとも繊細です。

材料と分量 つくりやすい分量

- 米……2合
- 芽ひじき（乾燥）……大さじ1
- 油揚げ……1枚
- 人参……50g
- ごぼう……50g
- しらたき……50g
- 干し椎茸……1〜2枚
- **A** 酒……大さじ2
  - 醤油……大さじ1/2
  - 塩……小さじ1/2

洗いあげた米は、半日冷蔵庫で冷やしてから炊くと、よりおいしい。

いろいろ きのこごはん

1 米をといで**A**を加える。

2 生椎茸は石づきをとり、細く切る。えのき茸は根元を落とし、3等分に切ってほぐし、しめじは小房に分ける。

3 鍋に**B**と**2**を入れてふたをし、中火にかける。水分が出てきたらふたをとり、汁けがなくなるまで下煮する。

4 **1**に下煮したきのこをのせ（汁けは入れない）、ふつうに炊く。

5 炊きあがったら全体をさっくり混ぜる。

材料と分量　つくりやすい分量

米……2合
A 水……2合
　酒……大さじ2
　塩……小さじ$\frac{1}{2}$
　醤油……大さじ1
　昆布……1枚（5cm角）
生椎茸・えのき茸・しめじ・舞茸など2〜3種……300g
B 醤油・みりん……各大さじ1

椎茸、えのき茸、しめじ、舞茸、いろいろなきのこを混ぜると複雑なおいしさが生まれます。

3で鶏こま肉100gを加えても、コクが増しておいしい。

カレー風味の炊きこみごはん

たまには目先を変えて、カレー風味はいかがですか？赤ピーマンが味のアクセント。

材料と分量 つくりやすい分量

米……2合
ツナ缶……大1缶（165g）
大豆の水煮……200g
赤ピーマン……3個（100g）
A カレー粉……小さじ1
　塩……小さじ1/2
バター……大さじ1
パセリのみじん切り……適量

1 米をとぎ、目盛りに合わせて水加減し、Aを加える。
2 赤ピーマンは種とへたをとり、手で大きくさく。
3 ツナ缶と大豆の水煮の汁けはきっておく。
4 1に2と3を入れ、ふつうに炊く。
5 炊きあがったらバターを加え、全体を大きく混ぜる。
6 器に盛り、パセリのみじん切りをちらす。

丸ごと梅干し炊きこみごはん

梅干しの塩分だけで
こんなにも風味豊か。
胃腸を休めたいときにもどうぞ。

材料と分量　つくりやすい分量

米……2合
梅干し……大1個
昆布……1枚（3〜4cm角）
青じその葉……10枚
しらす干し……大さじ2
（熱湯をかけ水をしっかりきる）
白いりごま……大さじ1

炊く前

1　米をといでふつうの水加減にし、昆布、梅干しは丸ごと加え、10分以上おいてから炊く。

2　炊きあがったら梅干しをしゃもじでくずしながら大きくほぐし、昆布と梅干しの種をとりのぞく。

3　とりのぞいた昆布は、せん切りまたは細かく切り、ごはんにもどす。

4　青じその葉のせん切り、しらす干し、白ごまを加えて混ぜる。

炒めるだけ、漬けるだけ、和えるだけ

「冷蔵庫に肉だけ、野菜だけしかないときも、慌てることはないのよ」と、本谷恵津子さん。

身近にある材料を、シンプルな手順で仕上げると飽きのこないおかずができあがります。

きゅうりとパプリカの3%塩水漬け

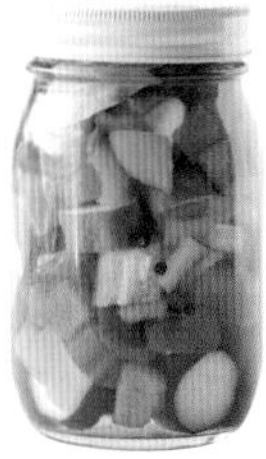

冷蔵庫にあると安心の一品。

材料と分量　つくりやすい分量

きゅうり・パプリカなど合わせて……300g
水……200ml
塩……6g（小さじ1強）

塩水を沸とうさせて、熱いまま野菜にかけると短時間で味が入る。漬けるときに、ベイリーフ、山椒、粒胡椒、にんにくなど、好みのハーブやスパイスで風味を加えても。

1　野菜をひと口大に切る。
2　水に塩をとかし、野菜を漬けておく。夜に食べたい場合は、朝か昼につくるとよい。3時間以上経ってからが食べごろで、冷蔵庫で3～4日もつ。

牛肉の炒り煮2品

牛肉のオイスターソース炒め

りんごのすりおろしがあるとなしでは大違い！

材料と分量　つくりやすい分量

牛こま切れ肉……200g
サラダ油……小さじ1～2
オイスターソース……大さじ1
りんごのすりおろし……½個分

りんごは、ところどころ皮を残してすりおろすときれいな色に。

1　フライパンにサラダ油、牛肉を入れて、弱めの中火にかけ、へらか箸で静かに炒める。肉の色が変わりはじめたら、オイスターソースを加えてからめ、中まで火を通す。
2　器に盛り、りんごのすりおろしを添える。

牛肉の黒酢炒め

黒酢のコクと紹興酒の風味が立つ一皿。

材料と分量　つくりやすい分量

牛こま切れ肉……200g
紹興酒・黒酢……各大さじ1弱
ごま油・醤油……各少々

1　牛肉に紹興酒と黒酢をかけておく。
2　フライパンにごま油を熱し、1を炒り煮にする。仕上げに、醤油をひとたらしして風味づけする。好みで砂糖を少し加えても。

シンプル調理で、
飽きのこない味。

牛肉の黒酢炒め

牛肉の
オイスターソース炒め

人参マリネ

日もちするので、多めにつくって常備菜にしても。

材料と分量　つくりやすい分量

人参……大1本または小2本（200g）
塩……少々（人参の0.6～1%）
オリーブオイル……小さじ1～2
レモンスライス……適量

胡椒、松の実、レーズンなどを加えるとさらにおいしく豪華に。

1　人参の皮は汚れていなければ、そのままピーラーで削っていく。まな板の上に人参をおいてまわしながら、幅1cm、長さ5～6cmに削る。

2　**1**とレモンをボウルに入れ、塩、オリーブオイルで和える。すぐ食べても3～4日中でもおいしい。

大根のゆず胡椒風味

ゆず胡椒の香りでさわやかな箸休めに。

材料と分量　つくりやすい分量

大根……200g
細切り昆布……適量
塩……小さじ$\frac{1}{2}$
（大根の重さの1～1.5%位）
マヨネーズ……適量
ゆず胡椒……少々

ゆずの皮のせん切りを混ぜてもよい。

1　皮をむいた大根をまな板の上において、ピーラーで幅1cm、長さ5～6cmに削ってボウルに入れる。塩をふりかけざっと混ぜ、しばらくおく。

2　水分が出たらかるくしぼり、マヨネーズと細切り昆布、ゆず胡椒を加えて和える。

ピーラーで包丁いらずの2品
ピーラーを使えば、わずかな手順で、マリネのできあがり。

大根のゆず胡椒風味

人参マリネ

1対1の酢味噌で和えもの2品

酢味噌は、味噌と市販のすし酢を同量ずつ合わせるだけ。

わかめとしらすの酢味噌和え

わかめの風味が引き立つほんのりとした甘み。

材料と分量 1人分

- 塩蔵わかめ……40g
- しらす干し……大さじ1（熱湯をかけ水けをしっかりきる）
- 1対1の酢味噌……小さじ1〜2（好みの味噌。田舎味噌、麦味噌、八丁味噌など）

塩抜きしたわかめを食べやすく切り、器に盛ってしらすをちらす。酢味噌をかけていただく。

酢味噌和えの塩分

酢味のおかずは、食卓にちょっとしたアクセントを与えてくれる、貴重な存在。すし酢にはすでに塩が入っていますので、塩分の気になる方は、下ごしらえに塩もみの必要がない野菜を使いましょう。

貝の酢味噌和え

かんたん酢味噌で旬の貝を味わう。

材料と分量 1人分

- 旬の貝（青柳・貝柱・赤貝など）……30g
- みょうが……1個
- 1対1の酢味噌……小さじ1〜2（白味噌使用）

貝類をさっと洗って、水けをふき、酢味噌をかける。せん切りのみょうがをあしらう。

味噌の種類は好みで

酢味噌は和食だけでなく、豚肉のソテーや、野菜サラダなどにソース感覚でかけてもおいしいものです。淡泊な味のものに合わせるときはやさしい風味の白味噌、豚肉のソテーやまぐろなど、パンチがほしいときは八丁味噌でつくるとよいでしょう。

コンビニの加工品をかしこく使って

コンビニエンスストアやスーパーに並ぶ、加工品や半調理品を活用したレパートリーも、増やしてみませんか。

ひとり用のお惣菜や少量パックの生鮮食品を扱うコンビニやスーパーが増えてきました。「わが家の味と違うから」と敬遠する方も少なくないと思いますが、加工品に助けてもらうのも、肩の力を抜く方法の一つ。料理初心者にも試しやすいでしょう。カット野菜や冷凍野菜、サラダチキンなどを半調理品として使い、ひと手間加えて食卓へ。

レシピを考案した大塚公子さんによると、「加工品は塩分が多い場合があるので、味つけはいつもより薄めで」とのこと。気をつけたいポイントです。

サラダチキンとお惣菜で

鶏飯

材料と分量 2人分

サラダチキン（プレーン）……50g
きんぴらごぼう……50g
錦糸卵……適量
A 水……400ml
　鶏がらスープの素（顆粒）……小さじ$\frac{1}{2}$
　醤油……小さじ$\frac{1}{2}$
　塩……少々
ごはん……適量

1 サラダチキンは細くさく。

2 器にごはんを盛り**1**、きんぴらごぼう、錦糸卵をのせる。

3 鍋に**A**を入れて熱し、味をととのえて**2**にかける。

少量のサラダチキンを使って、やさしい味わいに仕立てます。

きんぴらごぼう、錦糸卵も市販のものでOK。

サラダチキンで

深《み》山《やま》和え

大根おろしで和えて、さっぱりとした小鉢に。

材料と分量 2人分

サラダチキン（プレーン）……50g
生椎茸……2枚
三つ葉……2本
A 大根おろし……100g
酢……小さじ2
醤油・砂糖……各小さじ1/2

1 椎茸は軸を切ってグリルで5分焼き、薄切りにする。
2 サラダチキンは食べやすい大きさにさく。三つ葉は2㎝長さに切る。
3 **A**を混ぜ、**1**と**2**を加えて和える。

大根おろしは市販品でも。椎茸は、冷凍きのこやしめじをレンジで加熱しても。

冷凍野菜とカット野菜で

長芋のふわふわ焼き

1 長芋は流水で解凍する。魚肉ソーセージは薄切りにする。
2 **A**をよく混ぜ、**B**も加えて混ぜる。
3 フライパンに油を熱し、**2**の半量を流し入れる。ふたをして中火弱で1〜2分焼き、皿をかぶせてひっくり返して戻し入れ、同様に焼く。もう半量も同様に。
4 トッピングをする。

材料と分量 2人分

A 冷凍すりおろし長芋……100g
卵……1個
めんつゆ……小さじ2
B カットキャベツ（せん切り）……100g
魚肉ソーセージ……40g
天かす……大さじ2
油……小さじ1〜
［トッピング］
ソース・マヨネーズ……各適量
削り節・青海苔など……各適量

焼き芋で

焼き芋とりんごのサラダ

1　りんごは皮つきのままいちょう切りにする。
2　焼き芋は電子レンジで温め、Aを混ぜて粗くつぶし、りんごを加えて和える。

甘みと酸味が絶妙なおいしさ。

材料と分量 2人分

焼き芋……150g
りんご……50g
A クリームチーズ……20g
　レモン汁……小さじ1

スーパーの焼き芋が手軽で便利。

冷凍野菜で

里芋のおやき風

材料と分量 2人分

冷凍里芋……150g
A 砂糖……ふたつまみ
　片栗粉……大さじ1強
高菜漬け（刻む）……40g
むきえび（ぶつ切り）……40g
ごま油……小さじ2

1　里芋は容器に入れて少しずらしてふたをし、レンジで4〜5分加熱したら、フォークでつぶす。
2　1にAと高菜、えびを混ぜ、6等分して水でぬらした手で平たく丸める。
3　フライパンにごま油をひき、2の両面を焼く。ふたをして3分蒸し焼きにする。

水煮里芋でもよい。

カット野菜で

チャーシューねぎザーツァイ

1 チャーシュー、ザーツァイは細切りする。
2 1に刻みねぎを加えて混ぜ、Aをふって味をととのえる。

箸休めに、ごはんのお供に。

材料と分量 2人分

チャーシュー……25g
ザーツァイ……25g
刻みねぎ……25g
A 酢・ごま油……各少々
　醤油・辛子……各少々

かにかまとカット野菜で

レタスのかにかまあんかけ

1 鍋にAとほぐしたかにかまを入れ、混ぜながらとろみがつくまで煮立てる。
2 レタスは器に入れ、ふたをして電子レンジに1分半ほどかける（軽くしんなりすればよい）。1をかけて、上からごま油をふる。

材料と分量 2人分

カットレタス……100g
かにかま……3本
A 水……150ml
　片栗粉……小さじ1½
　鶏がらスープの素……小さじ½
　おろし生姜……少々
　胡椒……少々
ごま油……適量

生姜はチューブのものでもよい。

卵豆腐で

卵豆腐のコンソメ茶漬け

材料と分量 2人分

卵豆腐……1〜2個
A 水……200ml
　添えつけのたれ……1袋
　コンソメ（顆粒）……小さじ1/2
貝われ大根など……適量
パルメザンチーズ（粉）……少々
ごはん……茶碗に軽く2杯分

1 卵豆腐は角切りにする（くずしてもそのままでもお好みで）。
2 **A**に**1**を加えて温める。
3 ごはんに**2**をかけ、貝われ大根をのせる。粉チーズをふるとおいしい。

ぷるるん、のどごしのいいお茶漬けです。

加工品を使うときに、注意したいことは？

コンビニエンスストアをのぞくと、さまざまな味つけのサラダチキンや、本物と見紛うかにかまなど、加工品の進化がうかがえます。

料理に使う際に気をつけたいことを管理栄養士の岩﨑啓子さんに聞きました。

「いちばん注意したいのは塩分です。保存のためどうしても塩分を多く含むので、いつも通りに料理すると塩分過多になりがち。そのまま食べるのではなく、ほかの素材と合わせる、調味料をひかえるなどを意識しましょう。また、その特性を活かして、サラダチキンやかにかまを水で煮出せば、だしも出て風味づけに醤油をたらすくらいでおいしいスープになりますよ」

ほかにも使い勝手がいいのは、魚肉ソーセージなどの練り製品や、カット野菜などの半調理品。

「食品添加物の心配以上に、食べないことの方が心配で、深刻です。年齢を重ね、少食になると低栄養状態に陥りがち。練り製品はたんぱく質を多く含み、味が淡白なので使いやすいですし、カット野菜は手軽に食物繊維がとれます。上手に利用してください」

うちのごはん　新スタイル2

シニアの研究室「調理定年」に備えて

東京第一友の会高年研究グループ

工夫しながら自分らしい食卓を。

「高年になっても、栄養バランスのよい食事をしたい、まだまだ自分でつくりたい。でも体力・気力の低下も否めません。そんなとき、みなさんはどんな工夫をしていますか」と呼びかけたのは、東京第一友の会高年研究グループ。70代以上37名にアンケートをとり、食事づくりで困っていることと、その対策を聞きました。

　きっかけは、『明日の友』（小社刊）に掲載された樋口恵子さんの「調理定年」の言葉。「80歳前後に、食事づくりがなんともおっくうに、面倒になってくる。体力が落ちたら『手づくり主義』は続きません」『中流性独居型栄養失調』にならないために、調理定年を迎えたら、市販品を利用しながら、バラエティのある食生活で元気を維持させていきましょう」に触発されたと話します。

　長年、大切に続けてきた手づくり中心の食生活を、どのように展開させてゆくのがよいのでしょうか。買い物に行けなくなったら？　続くと飽きてしまうといわれる配食サービスや市販のお弁当、お惣菜を上手に利用する工夫は？　など、自分らしい食卓を整える研究が始まりました。

これからの食生活は？ と活発に意見を交換。メンバー18人のうち、今日は10人出席。（友の会：月刊誌『婦人之友』の読者の集まり）

調理が大変と思いますか？

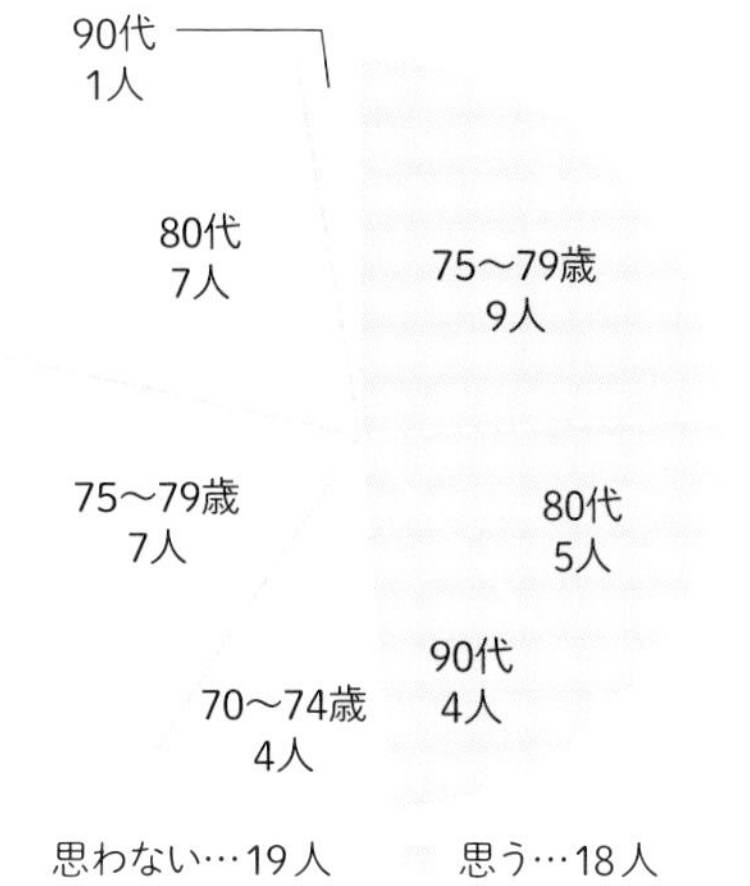
90代
1人
80代
7人
75〜79歳
9人
75〜79歳
7人
80代
5人
90代
4人
70〜74歳
4人
思わない…19人
思う…18人

大変だと思う、思わないがほぼ同数。年代より体調との関わりが大きい要素。「持病のため疲れやすく、外出すると帰宅後は動けなくなる」「不整脈の発作が起こると……」など。

生協などの配達を利用する？

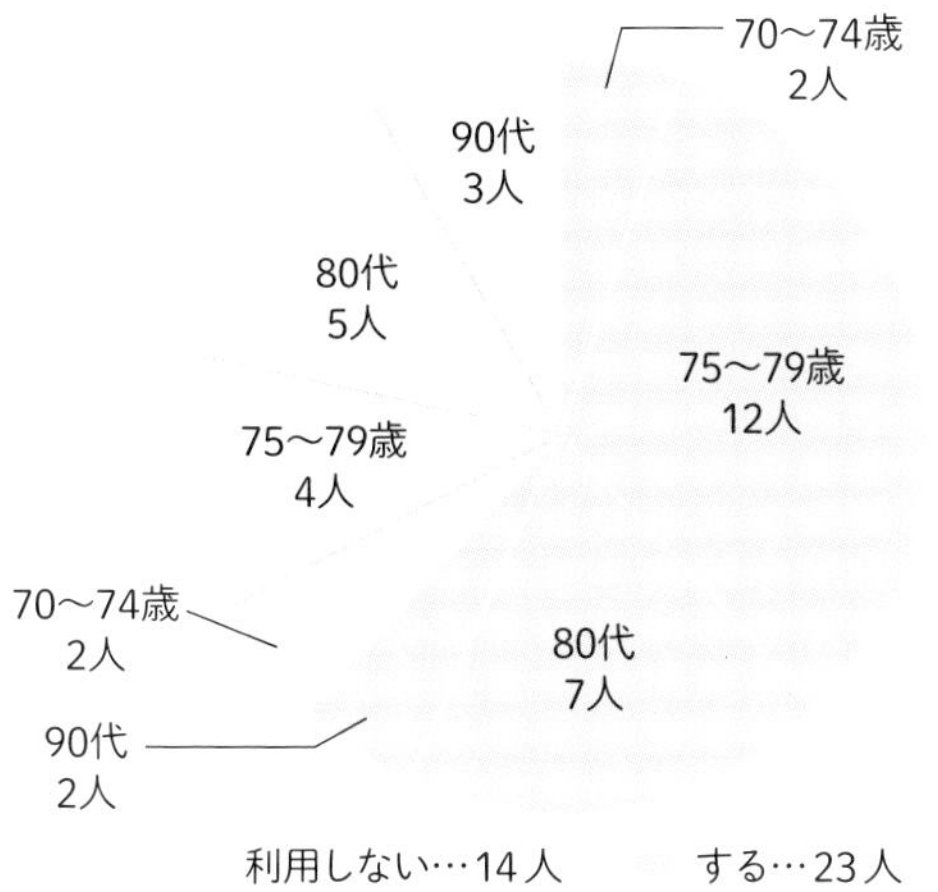
70〜74歳
2人
90代
3人
80代
5人
75〜79歳
12人
75〜79歳
4人
70〜74歳
2人
80代
7人
90代
2人
利用しない…14人
する…23人

生協の宅配を利用している人は23人。その他、スーパー、コンビニエンスストア、お米は農協からという人も。

「食」で大変と思うことと対策

1体調がすぐれないときの食事の用意

体調のよいときにつくっておいたものを利用
冷凍・レトルトのお弁当や惣菜など食の活用
スーパーや宅配のお弁当の利用

2買い物が大変

配達システムを利用する
週1回の生協、生活クラブの宅配のほか、スーパーの配達などを利用

3火の消し忘れ、鍋を焦がす

タイマーを使う
火をつけたらそばを離れない
鍋帽子®（鍋にかぶせる保温調理グッズ）を使う
ガステーブルを安全装置付きにする
ガステーブルをＩＨにする

＊そのほかの悩み

調理時間、片づけなどすべてに時間がかかる
流し台前の立ち仕事が大変
重い調理器具の扱いが大変
義歯を入れてから、小食になった、など

グループのみなさんの食の工夫

後関順子さん

週1回、生協の宅配も利用しますが、近所のお肉屋さんと八百屋さんは店先で頼むと後で配達してくれます。こうした個人商店は大事にしたいものです。

井本幸子さん

電話注文で配達を請け負う近所のスーパーを利用しています。いつも同じ係の女性にお願いしているので、キャベツや南瓜は1/4、大根は1/2本と心得ているなど助かっています。

服部圭子さん

よくつくるものは即席漬けと煮豆です。「豆300gにうす塩、砂糖70％が私のレシピ。中食はコロッケなどはときどき利用しますね。

寺嶋禮子さん

食事づくりがとても好きで、子ども家族を招いてごちそうすることも。少しでも長く、料理をしていたい、それが私の願いです。できなくなったら？

今回はそんなこともみんなと一緒に考える機会となりました。

＊データ等は2019年取材当時のものです。

食生活を助けてくれるもの

買いおき つくりおき

天気や体調の具合で買い物に
行けない日もあります。
材料さえ揃っていれば、
体調に合わせて料理ができます。

冷凍やレトルト食品

- 肉類（豚肉、鶏肉、牛肉、ひき肉、ソーセージなど）
- 魚介類（干もの、塩鮭、えび、しらす干し、シーフードミックスなど）
- 野菜（ほうれん草、ブロッコリー、ミックスベジタブルなど）

常温や冷蔵で

- 根菜類（じゃが芋、人参、玉ねぎなど）
- 野菜を洗ってすぐ使えるようにカットし、冷蔵
- 蒸してゆでて冷蔵（ブロッコリー、大豆）
- ぬか漬け、梅干し、肉味噌 など

市販品や合わせ調味料

- カレー
- コロッケ
- 茶碗蒸し
- ラーメン
- 豚カツ
- 牛丼の具
- 白飯パック
- いなり寿司
- 焼きおにぎり
- 中華まん
- 餃子
- 春巻き
- ごま和えの素
- めんつゆ
- すし酢

体調のよいときにつくる常備菜

- 即席漬け
- 野菜の甘酢漬け
- 切り干し大根の煮もの
- じゃことピーマン炒め
- ひじきの甘酢漬け
- きんぴら
- 煮豆 など

酢を使った料理

- 鶏肉のさっぱり煮
- さっぱり鯖の煮つけ
- トマトと玉ねぎのマリネ
- フルーツ酢 など

食生活を助けてくれるものを用意しましょう

まずは市販の弁当や惣菜を購入し、内容と量を調べました。グループのひとり、深山敏江さんが買ったのは、スーパーの鮭弁当。「揚げものが多くごはんが234gもあるので、2食に分けて。お皿に移して野菜の常備菜や味噌汁（インスタントでも）を添えれば、満足度が上がります」と言います。

上の表は、グループで考えた「食生活を助けてくれるもの」リスト。冷凍やレトルト食品、洗ってゆでた野菜、市販品や合わせ調味料。あとは、元気なときに常備菜をつくっておけば、料理をしたくない日も安心です。

また、この研究から発展したのは、酢を使う料理です。ある会員がスムージーに酢を入れていたことに注目。醸造メーカーから資料を取り寄せ効能を勉強し、酢を使った料理をつくって持ち寄りました。「酢は血圧を下げると言われ、料理に使うと塩分を控えられさっぱりします。保存が効くのもいいですね」とグループの杉山道子さん。楽しく学ぶ仲間がいることも、くたびれない秘訣かもしれません。

3

からだにやさしい、心も満足

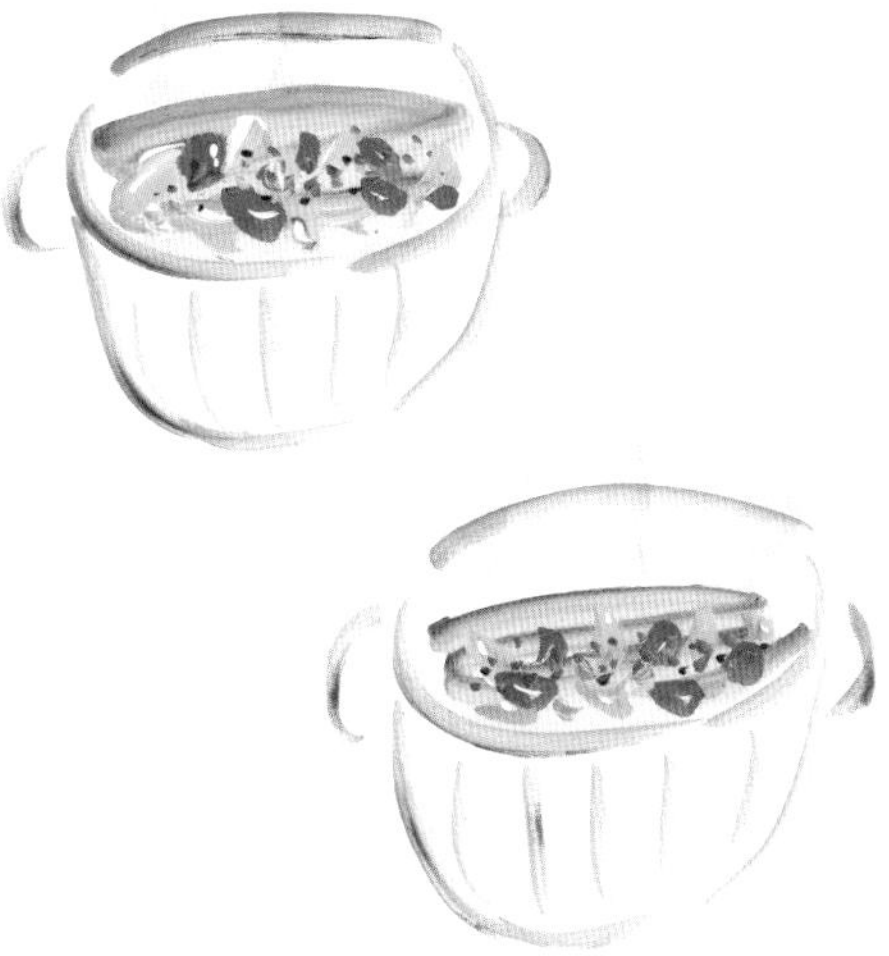

かんたんにつくれて栄養バランスのよい食事がしたい、というのは、どんな世代の人にも共通の願いです。
手間がかからず、からだにやさしくて心まで温まるレシピを集めました。
スイーツも、こんなつくり方なら手軽にできますよ。

野菜をたっぷりとって、からだをととのえる

繊維質が多く、さまざまなビタミンやミネラルを含む野菜は、体調をととのえてくれる頼りになる食材です。ここでは、できるだけシンプルな調理法で野菜のおいしさを引き出すレシピを遠藤ミホさんが紹介します。ふだんの食事を見直して、野菜不足を解消しましょう。

豆苗海苔サラダ

材料と分量 2人分

豆苗……1/2袋
焼き海苔……1/2枚
ごま油……小さじ1
塩……ひとつまみ

1 豆苗は水分をしっかりきって食べやすい長さに切る。
2 ボウルに豆苗を入れ、塩をふり、ごま油を合わせる。
3 あぶった海苔を手でちぎりながら加えてさっと和え、器に盛る。

海苔と豆苗の風味が相性ぴったり。

具材を一度に入れて、煮るだけ。ココナッツの香りが食欲をそそります。

スリランカ風かぼちゃカレー

材料と分量 3〜4人分

かぼちゃ……1/4個（約300g）
玉ねぎ……1/4個（約50g）
トマト……中1/2個（約50g）
にんにく……2片
ガラムマサラ（カレー粉でもよい）……小さじ1
削り節……1パック（5g）
一味唐辛子……小さじ1/2（辛さの好みで加減する）
黒胡椒（粗びき）……小さじ1/2
シナモン（スティック）……5cm位
塩……小さじ1　ココナッツミルク・水……各200ml

1 かぼちゃは種を取り、皮つきのまま2cm角に、玉ねぎは横半分に切ってから3〜4mm幅に、トマトはざく切りに、にんにくはみじん切りにする。ガラムマサラ（カレー粉）はできれば炒っておく。
2 すべての材料を鍋に入れ、火にかける（水は材料がひたひたになる程度まで加える）。沸とうしたら中火で、かぼちゃが柔らかくなるまで煮る。

椎茸とピーマンの丸ごと煮

材料と分量 2人分

生椎茸……4個
ピーマン……4個
生姜（薄切り）……2枚
ごま油……大さじ½
醤油……大さじ2
酒……大さじ2
水……200ml

1 椎茸は石づきを取り、軸は食べやすく切る。

2 ピーマンはへただけを取る。生姜は皮つきのまません切りにする。

3 鍋にごま油を熱し、ピーマンと椎茸を炒める。全体に油がなじんだら、すべての材料を加え、ふたはせずに、弱火でことことと、煮汁が半量位になるまで煮る（煮つめすぎると味が濃くなるので注意）。

野菜は丸ごと！

人参や生姜は皮の近くに香りや栄養成分が、ブロッコリーの茎には甘みがつまっています。陽の光をたっぷり浴びたキャベツの外葉は、じっくり煮こむことでうまみがじわじわ。大根の皮は細切りにして生姜と酢醤油に漬ければ、食感のよい漬けものに。捨ててしまいがちな部分にこそ、おいしさが潜んでいます。野菜に合わせた調理で味わいの楽しさを広げてください。

野菜の底力を知る一品。
ピーマンの種の歯ごたえも楽しんで。

里芋とみかんのサラダ

材料と分量 2人分

里芋……中4個
みかん……2個
焼き海苔……1/2〜1枚
オリーブオイル・米酢……各大さじ2/3
塩……ふたつまみ

里芋は、冷凍や水煮を使ってもよい。

1 里芋は皮をむき、食べやすい大きさに切る。
2 みかんは薄皮をむく。
3 鍋に少し多めの油（分量外）をひき、里芋の中に火が通るまで炒める。
4 オリーブオイル、米酢、塩を合わせてドレッシングをつくる。塩は少なめに。
5 ボウルに里芋、みかん、ドレッシングを合わせ、味をみて塩加減する。やや薄いかな、という位が、食べ終わったときにちょうどいい塩梅。
6 海苔をあぶり、トッピング用に少しとりおき、残りはちぎって5と和える。
7 皿に盛って、トッピングの海苔をちらす。

見た目も華やか！
思いがけない素材のハーモニー。

もずくの落とし焼き

沖縄で食べた
もずくの天婦羅がヒントに。

材料と分量 2人分

もずく……60g
山芋……60g
（長芋でつくる場合は
小麦粉大さじ1を加える）
醤油……小さじ$1/2$〜1
オリーブオイル……大さじ1

1 もずくは必要なら塩抜きし、食べやすく切る。山芋はきれいに洗って目立つ根をとり、すりおろす。もずく、山芋、醤油をよく混ぜ合わせる。

2 フライパンにオリーブオイルを温め、たねを$1/6$量ずつ、直径4〜5㎝程度に丸く焼く。

3 片面がカリッとしたら裏返し、同様に焼く。

ブロッコリーの生姜ナムル

毎日とりたい緑黄色野菜。
アスパラガスを加えても。

材料と分量 2人分

ブロッコリー……$1/2$株
生姜……1片
ごま油……小さじ2
塩……小さじ$1/3$
ピーナッツ・カシューナッツ・
白ごまなど好みで……適量

1 ブロッコリーは小房に分け、軸は厚めに皮をむいて食べやすく切る。

2 湯気の青臭さがなくなり、甘い香りになるまでゆでる。塩は入れない。

3 生姜をせん切りにする。

4 ボウルに生姜、ごま油、塩を混ぜ合わせ、ブロッコリーとなじませる。

5 皿に盛り、刻んだナッツ類をちらす。

塩なめ茸

仕上げの胡椒が決め手！
シンプルで飽きのこない味。

材料と分量 つくりやすい分量

えのき茸……1袋（200g位）
塩……ひとつまみ
酒または水……大さじ1
黒胡椒……適量

1 えのき茸は固いところを落として長さを半分に切り、細かくほぐす。

2 黒胡椒以外の材料を鍋に入れて火にかける。

3 えのき茸がしんなりしたら黒胡椒をたっぷりふって、器に盛る。

もずくの
落とし焼き
ブロッコリーの
生姜ナムル
塩なめ茸

パセリのライスサラダ

ズッキーニの味噌煮

トマトのジューシーマリネ

パセリのライスサラダ

パセリの香りがさわやかで
ボリュームのある一品。

材料と分量 つくりやすい分量

パセリ……1束
トマト……1/2個
きゅうりまたはズッキーニ……1本
ごはん……茶碗1杯分
白ごま・松の実など好みのナッツ類……各適量
オリーブオイル……適量
塩……少々

1 パセリはみじん切り、トマトときゅうり（ズッキーニ）は1cm角に切る。
2 すべての材料をボウルに入れ、混ぜ合わせる。

ズッキーニの味噌煮

ズッキーニはかぼちゃの仲間。
煮ものにするとおいしいわけです。

材料と分量 つくりやすい分量

ズッキーニ……1本
生姜……1片
味噌……大さじ1〜1 1/2（味噌の塩分によって加減する）
みりん……小さじ1
水……1/2カップ
ごま油……大さじ1/2

冷やして食べてもおいしい。

1 ズッキーニは約1cmの輪切りに、生姜はせん切りにする。
2 鍋にごま油と生姜を入れ、香りが出るまで炒める。
3 ズッキーニを入れ、中火で焼き色がつくまで焼く。
4 水、味噌、みりんを入れ、煮汁が少なくなるまで弱めの中火で煮る。

トマトのジューシーマリネ

塩水漬けにするひと手間で
トマトの甘さが際だちます。

材料と分量 つくりやすい分量

トマト……中5〜6個
生姜（薄切り）……4枚位
しらす干し……適量
薬味（みょうが・青ねぎ・青じその葉など）……適量

1 トマトはへたをとり、湯むきする。
2 塩水（水500mlに塩大さじ1をとかす）にトマトと生姜を入れ、一晩以上おく（このままで数日保存可）。
3 食べやすい大きさに切ってしらす干しと薬味をのせる。

冬瓜のみぞれ煮

材料と分量 2〜3人分

冬瓜（皮とわたをとって）……300g
鶏もも肉……1枚（200〜250g）
塩……小さじ½
あさり（塩抜きして）……150g
水……1カップ
酒……大さじ2
昆布……5cm角
水どき片栗粉……適量
すだち・ゆずなど……適量

［下ごしらえ］
鶏もも肉はひと口大に切って塩をし、30分ほどおく（余分な水分が抜け、うまみが凝縮される）。

1 冬瓜をすりおろし、水、酒、昆布と一緒に火にかける。昆布からうまみが出るように、弱火でじっくり加熱する。

2 沸とうしたら下ごしらえをした鶏肉を加え、八分通り火が通ったらあさりを加える。

3 あさりの口が開いたら、水どき片栗粉でとろみをつけ、器に盛り、好みの柑橘類のスライスをのせる。

昆布、鶏、貝のだしで
ほっとする味に。
冷やしてもおいしい。

鶏とあさり、どちらか
だけでもおいしい。

ごぼうと豚肉の蒸し鍋

材料と分量 2人分

ごぼう……1/2本
豚肩ロースまたは
　バラかたまり肉……100g
白菜……1/8株
ごま油……大さじ3
にんにく……1片
日本酒……100ml
塩……ひとつまみ

［下ごしらえ］
豚肉は1cm厚さに切り、強めに塩（分量外）をして30分ほどおき、塩を洗い流して水けをふいておく。

1　ごぼうはこすり洗いして4cm長さに切り、太ければ縦半分に。さっと水洗いする。

2　にんにくは包丁の背でつぶし、白菜は4～5cm幅のざく切りにする。

3　厚手の鍋にごま油とにんにくを入れて弱火にかけ、香りがたったら下ごしらえをした豚肉を加え、色が白っぽく変わるまで炒める。

4　ごぼうを加え、全体に油がまわったら、白菜、日本酒、塩を加える。

5　ふたをして弱火にし、具材がくったりと柔らかくなるまで煮る。

野菜のおいしさを
しみじみと感じる
お鍋です。

豚の脂が気になる場合はさっとゆでてから使う。豚バラ肉は薄切りでも。その場合下ごしらえの塩はひとつまみにし、洗い流さずに調理する。料理酒ではなく、日本酒を使うのがおすすめ。

なにはなくともスープがあれば

温かなものを食べたり、飲んだりするとなぜだか身も心もほっとします。
具と味つけの選択肢が多いのもスープの魅力。
飲みやすさを工夫するならとろみをつけて。
今日もお気にいりの一杯で、心休まるひとときを。

スープミルファンティー

チーズのコクとナツメグの香り。ふわふわの洋風かきたまスープ。

材料と分量 2人分

A 水……300ml
　コンソメ（顆粒）……小さじ1
　白ワインまたは酒……小さじ2
B とき卵……1個
　生パン粉……大さじ$1\frac{1}{2}$
　粉チーズ……大さじ1弱
塩・胡椒……各適量
ナツメグ……適量

1 鍋にAを入れて煮立てる。
2 ボウルにBを入れてよく混ぜ、1に入れて動かさずに1分煮たら、お玉でさっと混ぜる。味をみて塩、胡椒でととのえる。
3 好みでナツメグをふる。

きのこや青菜を入れても。

もずくとえのき茸のとろみ汁

1 えのき茸はかたいところを落とし、半分に切る。
2 鍋にAとえのき茸を入れて煮立て、Bの水どき片栗粉をまわし入れ、もずくを加える。
3 器に注ぎ、刻んだ三つ葉、おろし生姜をのせる。

材料と分量 2人分

もずく……50g
えのき茸……20g
A だし……300ml
塩……ふたつまみ
醤油……小さじ1
B 片栗粉……小さじ1
水……大さじ1
三つ葉・おろし生姜……各適量

つるりとのどごしなめらか。
もずくは健康効果も期待できます。

小松菜と切り干し大根の納豆汁

食べごたえがあり、
からだが芯から温まります。

材料と分量　2人分

小松菜……100g
切り干し大根（乾）……10g
だし……1¾カップ
味噌……大さじ1
ひき割り納豆……1パック
（大粒の場合は粗くたたく）

1　小松菜は2～3㎝長さに、切り干し大根はもみ洗いをして水に10分ほど浸してから、食べやすい長さに切る。

2　鍋にだしを煮立て、**1**を入れてさっと煮、味噌をとき入れてひと煮立ちさせ、納豆を加えて火をとめる。

鶏手羽中と生姜のスープ

材料と分量　2〜3人分

- 鶏手羽中……6〜8本
- 細切り昆布……少々
- 生姜（皮つき薄切り）……2枚
- 野菜（水菜・しめじ・人参など なんでも合わせて）……100g
- 水……600ml
- 塩……小さじ$\frac{2}{3}$
- 胡椒……少々

1　野菜は食べやすく切る。

2　すべての材料を鍋に合わせ、水からことこと煮る。沸とうしたらごく弱火にして10〜15分ほど煮る。鶏肉の身離れがよくなったら、塩、胡椒で味をととのえ、火をとめる。

野菜たっぷり、
鶏だしで
滋味あふれるスープ。

汁ものの塩分

汁ものの味つけは塩味が決め手！　だしに対して0.6％、つまり200mlに1.2g程度の塩がよい加減になりますが、具材やだしの塩分もあるので、ひかえめに塩梅しましょう。

かぼちゃの簡単スープ

ビタミン豊富なかぼちゃを手軽に。

材料と分量 2人分

冷凍かぼちゃ……200g
牛乳（豆乳でも）……200ml
コンソメ（顆粒）……2g
無糖ヨーグルト……大さじ2
胡椒……適量

1 冷凍かぼちゃを耐熱容器に入れ、電子レンジで解凍加熱し、皮の部分を包丁などで軽くそぎとり、熱いうちにマッシャーでつぶす。

2 1に牛乳とコンソメを加え、レンジの牛乳温め機能にかけ（1分～1分半）、とり出してからよく混ぜる。器によそってヨーグルトを加え、胡椒をふる。

ブロッコリーのチャウダー風

ビタミン類が豊富なブロッコリーを、あますところなく使って。

材料と分量 2人分

ブロッコリー……100g
玉ねぎ……60g（中1/4個）
しめじ……40g（小1/2パック）
ベーコン（薄切り）……1枚
牛乳……300ml
バター……20g
小麦粉……大さじ1
コンソメ（顆粒）……2g
胡椒……少々

1 ブロッコリーは小房に分け、茎は粗みじんに。玉ねぎはくし切り、ベーコンは5㎜幅に切り、しめじはほぐす。

2 鍋を火にかけてバターをとかし、ブロッコリーの茎と玉ねぎを炒め、油がなじんだら、しめじとベーコンを加える。玉ねぎが透き通ったら、小麦粉を入れて弱火にし、粉っぽさがなくなるまで炒める。

3 ブロッコリーを加えて牛乳を注ぎ、コンソメを入れ、鍋底を木べらで混ぜながらとろみがつくまで火にかける。

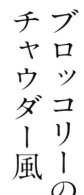

きゅうりと豆乳のガスパチョ風

1　すべての材料をフードプロセッサーやミキサーにかけて滑らかにする（こしてもよい）。

2　よく冷やした器に注ぐ。

豆乳でやさしい味わいに。

材料と分量　2人分

きゅうり（ざく切り）……1本
生姜……1片
豆乳（成分無調整）……100ml
塩……適量
オリーブオイル……小さじ1

白菜と帆立のクリームスープ

缶詰を使って手間いらず。

1　白菜は軸と葉に分け、軸は短冊に切り、葉はざく切りにする。

2　鍋に**1**と**A**を入れ、煮立ったら火を弱め、ふたをして10分ほど、白菜が柔らかくなるまで煮る。

3　**B**を混ぜて鍋に加え、ひと煮して味をととのえる。

4　器に盛り、胡椒、ごま油をふる。

材料と分量　2人分

白菜……100g
A 帆立貝柱缶……約40g+缶汁
水……300ml
酒……小さじ2
鶏がらスープの素……小さじ2/3
B 片栗粉……小さじ2
牛乳……100ml
塩……適量
白胡椒・ごま油……各少々

しめくくりはかんたんスイーツで

ひと息つきたいとき、
ほんの少しの甘いものがあれば、
なんとも幸せな時間が過ごせます。
手をかけず、身近な材料で、
思い立ったらすぐつくれる
かんたんスイーツをどうぞ。

小豆バナナぜんざい

ナッツの歯ごたえがアクセント。
シナモンとバナナで
どこか洋風なおぜんざい。

材料と分量 2人分

ゆで小豆……200g
水……3/4カップ
バナナ……1本
無塩ローストミックスナッツ……20g
シナモンパウダー……少々

1 鍋に水、ゆであずきを入れて中火にかけ、混ぜながら煮る。

2 1に、2cm幅に切ったバナナを入れ、さっと煮立てる。

3 器に盛り、砕いたナッツを入れ、シナモンをふりかける。

レンジ抹茶ケーキ

抹茶にホワイトチョコの風味がぴったりの蒸しパン風ケーキ。

材料と分量
耐熱容器（容量約600ml）ひとつ分

薄力粉……80g
ベーキングパウダー……小さじ1
砂糖……50g
抹茶……小さじ2強
卵……1個
牛乳……大さじ5
サラダ油……小さじ2
ホワイトチョコレート（粗く削る）……30g

1 薄力粉、ベーキングパウダーを混ぜ合わせ、ボウルにふるっておく。

2 別のボウルに、砂糖、抹茶を入れて混ぜ、卵を加えて泡立て器でよく混ぜる。

3 **2**に牛乳を入れて混ぜ、サラダ油も加えて混ぜる。

4 **3**を**1**のボウルに加え、よく混ぜ合わせる。

5 耐熱容器にオーブンペーパーを敷き、**4**を流し入れ、粗く削ったホワイトチョコレートをちらして、ふたをのせる。

6 電子レンジに、割り箸を2本、間隔をあけて置き、その上に**5**をのせ、4分30～40秒加熱する。

7 蒸しあがったら容器ごとひっくり返してしばらく冷まし、切り分ける。

いちごのグラタン

1　いちごは洗ってへたをとり、牛乳は沸とう直前まで加熱する。

2　ボウルに砂糖、薄力粉を入れてよく混ぜ合わせる。そこに卵、卵黄を加えて泡立て器ですり混ぜ、温めた牛乳を少しずつ加えながら混ぜ合わせる。バターを加えてとかし混ぜ、バニラエッセンスを加えてざっと混ぜる。

3　グラタン皿にいちごを並べて2の卵液を注ぎ、オーブントースターで15分焼く。オーブンの場合は230℃で15分焼く。

4　冷めたら、粉砂糖を茶こしに入れ、ふりかける。

グラタン皿のほか、1人分ずつココット型につくってもよい。

材料と分量　グラタン皿（容量約500ml）

いちご……小粒18粒
牛乳……200ml
砂糖……30g
薄力粉……大さじ1½
卵……1個
卵黄……1個分
バター……小さじ2
バニラエッセンス……少々
粉砂糖……好みで適量

とろっとしたいちごが新鮮な果実のグラタン。
バナナ、洋梨でもできます。

ざくざくしたトマトの歯ごたえが楽しい。

トマトシャーベット

1 ミニトマトはへたをとり、粗く切ってジッパーつきポリ袋に入れる。砂糖とレモン汁を加えて混ぜ、冷凍庫で一晩凍らせる。

2 **1**をフードプロセッサーに軽くかけ、器に盛りつけて、はちみつをかける。フードプロセッサーがない場合は、**1**で薄く切って凍らせ、波刃包丁でざくざく切る。

材料と分量 4人分

ミニトマト……300g
砂糖（グラニュー糖や上白糖）……50g
レモン汁……大さじ2
はちみつ……少々

芋ペースト

材料と分量 つくりやすい分量

さつま芋（できれば安納芋）
……1本（300g）
塩……少々
クローブ……1個
サフラン……小さじ1/5
（なくてもよい）
はちみつ……大さじ1
りんごジュース……40〜50ml
レモン汁……1/3個分

軽くトーストしたパンにぬる、アイスクリームに添える、カッテージチーズとパンにはさんでサンドイッチにするなど、さまざまな楽しみ方で。

1 さつま芋は皮をむいて輪切りにし、鍋に入れてかぶる位の水と塩を加えてゆでる。

2 柔らかくなったら、クローブを入れて火をとめ、5分ほどおく。

3 ゆで汁をほぼ捨て、鍋にサフランを加えて5分おき、芋に色と香りを移す。

4 芋をつぶし、はちみつを入れて火にかけ、残った水分をとばすように練る。

5 水けがとんだらりんごジュースを加え、弱火で好みの柔らかさに仕上げ、最後にレモン汁を加えて練り上げる。

さつま芋を洋風に。さわやかな風味です。

りんごのコンポート

煮るだけでできあがるシンプルなスイーツ。紅茶はもちろん煎茶にも合います。

材料と分量 2人分

りんご……1個
グラニュー糖……50g
白ワイン……150ml
レモン汁……小さじ1/2

煮汁に水とゼラチンを足してゼリーにしてもおいしい。写真のようにミントを添えても。

1 りんごは8等分に切って皮をむき、芯をとる。鍋に材料をすべて入れて火にかけ、沸とうしたら弱火にする。

2 りんごが柔らかくなるまで30分ほど煮る。

3 冷たくしても温かくても。

フルーツポンチゼリー

心躍る、懐かしのキラキラゼリー。

1 フルーツ缶は中身と汁を分け、果物は食べやすく切る。
2 分量の水にゼラチンをふり入れてふやかす。
3 鍋に**A**を入れて火にかけ、沸とう直前に火を止め、**2**を入れてとかす。粗熱をとってからレモン汁を加えてバットに流し、冷やし固める。
4 **1**を器に盛り、フォークでかきとったゼリーをかける。

材料と分量 4人分

ミックスフルーツ缶……1缶（内容量190g位）
いちご・りんご・キウイなど季節の果物……100g
粉ゼラチン……大さじ2
水……大さじ4
A 缶詰の汁と水……合わせて400ml
　砂糖……大さじ2
レモン汁……大さじ1

ふり入れタイプのゼラチンを使う場合は、3で入れる。

りんごのキャラメル煮

りんごの甘酸っぱさとキャラメルがよく合う。

1 りんごは8等分に切って皮をむき、芯を取る。
2 鍋にグラニュー糖を入れ、中火で飴色に焦がし、バターを加えてすぐに**1**を加える。
3 軽くかき混ぜ、ふたをして弱めの中火にし、ときどき混ぜながら、15〜18分煮る。
4 煮上がったらレモン汁とブランデーを加えて軽くかき混ぜ、火をとめる。

材料と分量 つくりやすい分量

りんご……中2個
グラニュー糖……40g
バター……30g
レモン汁……少々
ブランデー……小さじ1

お皿にバニラアイスと一緒に盛り、シナモンをふってミントを飾ったり、クリームチーズをぬったパンにはさんでも。

宅配弁当は週1回＋α

社会福祉協議会のお弁当を週1回予約（1食300円）。プラス、当日朝電話注文ができるNPOのお弁当を月2回ほど。味噌汁は味噌を少なめに、ヨーグルトととろろ昆布を隠し味に使う茂さん。塩分を控えコクを出す。

うちのごはん　新スタイル3

妻から夫へバトンタッチ

大蔵茂さん（85歳）　左久さん（87歳）

80歳の家事手習い

中山道の木曽11宿の一つ藪原宿。その飛騨街道が分かれる追分近くに大蔵さん夫妻は暮らしています。今、家事を受け持つのは夫の茂さんです。

「3年ほど前からですよ。それまで何もしてなかったから、主婦の仕事の内容と価値に驚きました」

小学校教員として働いていた茂さんは生まれつき持病があり、それを気遣って妻の左久さんが家事一切を担ってきました。しかし左久さんが、糖尿病と関節リウマチを発症。

「子どももいないし、これからは私が家事を」と茂さんは決心。洗濯は洗濯機が、掃除は週一度ヘルパーさんが来てくれるから補助程度でも。厄介なのは毎日の食事の支度でした。

「ずいぶん慣れたけれど、大変

キッチンは夫が主役

なのは献立を考えることかな」

任せたら口を出さずに

「台所は私が使い勝手がよいように変えています。レンジ周りだって今の方がピカピカしてる！」と茂さん。笑って聞く左久さんのモットーは「任せたら我慢して、ああだこうだ言わないこと」。夫に家事参加を求める妻が見習うべき姿勢です。

茂さんはまず、古い炊飯器をタイマー機能つきに買い替えました。これで夜寝る前にセットすれば、朝、ごはんの心配をしないですみます。シンクの上に大きい水切りかごを設置して食器は洗ったままに。その都度拭いて棚に収めていた左久さん方式からの転換です。おかずを温めようと電子レンジの前に置くと、それが邪魔で扉が開かないと気づき、早速端切れ板で台を製作。「こうすると出し入れがスムーズ。家事は結構向いているかも。改善したいところがどんどん出てきて楽しいですよ」

宅配弁当と電子レンジを活用して

長年、栄養バランスを考え食生活を大切にしてきた左久さんを見習って、茂さんも料理に取り組んできました。朝はゆで野菜、漬けもの、煮豆や練りもの

いろいろのせる朝食ひと皿

この日はブロッコリー、切り干し大根の甘酢漬け（左久さんのつくりおき）、きゅうりと人参のぬか味噌漬け、赤かぶと長芋の漬けもの、黒豆の煮豆、練りもの。

家事の省力化

シンク上に細長い水切りかご用のラックを設置。「食器はここにあげて、いちいち拭いてしまわないことに」。

切りかけの野菜や漬けものは容器にまとめ、冷蔵庫に入れておくとおっくうにならない。

＊年齢、金額などは2018年取材当時のものです。

食材調達は妻がパソコンで

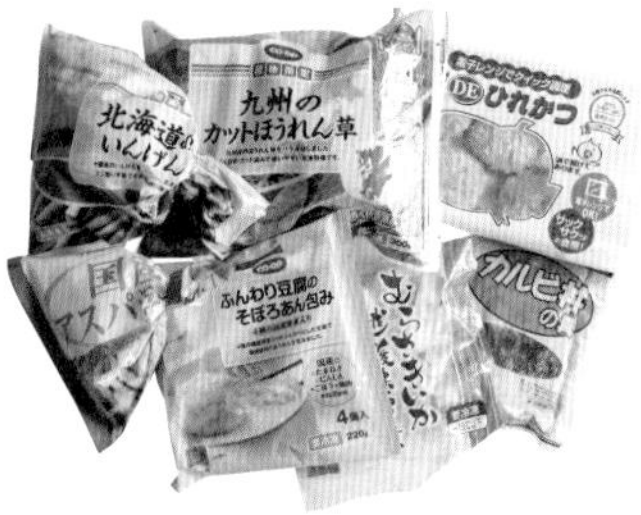

冷凍食品は、野菜などの素材とお惣菜を組み合わせて常備。

パソコンを使い慣れている左久さん。買い物の9割は生協の宅配をパソコンから注文する。健康のために摂りたい食品の量の2人1週間分を計算し、茂さんの手間も考えて食材を選ぶ。

を彩りよく盛り合わせた一皿と、具だくさんのお味噌汁に、冷蔵庫にあるお惣菜や厚焼き卵を焼く日も。昼夜は手づくりおかずや生協に注文した冷凍のお惣菜を、左久さんにも意見を聞きながら組み合わせて用意。

そんな頑張りを「本当にありがたい。でも無理はさせられない」と左久さんが案じ、今年から週1、2回お弁当の宅配を。社会福祉協議会からの毎週木曜日のお弁当に加え、当日朝でも注文に応じてくれるNPO（「木曽川・水の始発駅」食部門「そば実」）が地域にあるのは心強いことです。

左久さんの体調のよい日には椅子に腰かけて、2人で野菜を漬けたり常備菜をつくったり。「介護保険のサービスも利用しながら、健康のためにも食事を大切に暮らしていきます」と話す2人です。

電子レンジに高さ15cmの台をつけた。下にお茶セットが収まるだけでなく、扉を開閉しても手前のスペースに、出したものや次に入れるものをおける。

75歳以上　食事摂取基準から考えた1日にとりたい食品の組み合わせ

食品	乳製品		卵	肉・魚	豆・大豆製品	野菜	果物	穀物	油脂	砂糖
	牛乳	チーズ								
男	200	5	40	120	80（味噌10）	400（青菜60、芋50）	150	250	15	20
女				100				160	12	

＊廃棄量を除いた正味の重さ（g）。乾物は食べられる状態になったもの。肉・魚の割合は1:1で。穀類は米は炊く前、麺類は乾麺、パンは粉で計算（パンの重さ÷1.4）。豆・大豆製品、野菜の重量は（　）内の重さを含みます。（全国友の会・南関東部案）

この日はNPOのお弁当。つくね、こんにゃくとさつま揚げの煮もの、ポテトサラダ、きんぴらなどで650円。たっぷり入っているので2食に分ける。

道具を上手に使ってくたびれない生活を

道具も進化しています。
人参やキャベツのせん切りも、
ピーラーひとつでかんたんにできますし、
キッチンばさみを上手に使えば、包丁いらず。
繰り返し使えるシリコン製の容器は
レンジにかけるだけの調理が得意です。
道具の力を借りて、
少しでも調理を気軽にしましょう。

せん切りピーラー

皮むき用のピーラーにギザギザの刃がついていて、すっと引くだけできれいなせん切りに。きんぴらづくりにも重宝します。

キャベツ用ピーラー

刃渡り10cmと大型なので、一度に広い範囲を薄く切れます。キャベツのせん切りもふわふわに。

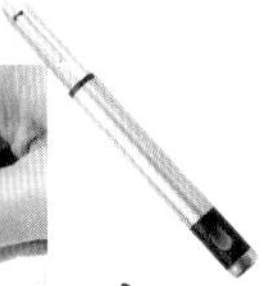

たて型ピーラー

グリップが握りやすくカーブによく沿うので、じゃが芋やりんごの皮むきはもちろん、きゅうりの薄切り（リボン状）、ごぼうのささがきにも。

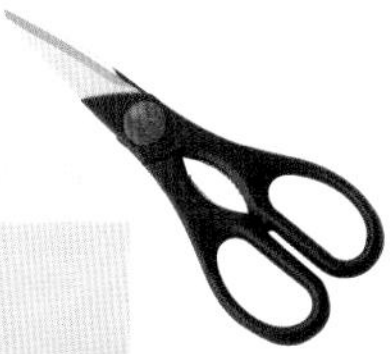

キッチンばさみ

薬味のねぎやにらを刻んだり、昆布や海苔など乾物類にも便利。器の上ではさみを使えば事足りるので、包丁、まな板を洗う手間も省けます。手入れは包丁と同様清潔に。

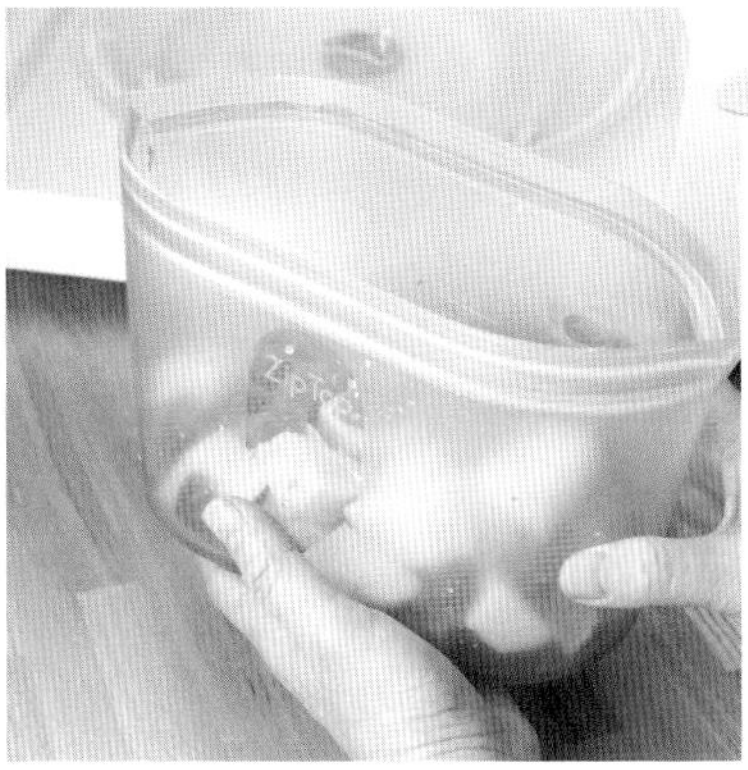

シリコン製保存容器

冷蔵・冷凍保存から、レンジ調理まで可能。野菜をゆでたり、肉や魚を蒸したりできます。ジップ式なので液体もこぼれません。繰り返し使えるので環境にもやさしい。

くたびれない
ごはんづくり

2021年　6月　1日　第1刷発行
2021年 10月20日　第3刷発行

編者
婦人之友社編集部

編集人
小幡麻子

発行人
入谷伸夫

発行所
株式会社 婦人之友社
〒171-8510
東京都豊島区西池袋2-20-16
電話 03-3971-0101（代表）

印刷・製本
シナノ書籍印刷株式会社

ISBN978-4-8292-0945-5

撮影
鈴木正美
小西康夫（P48、86〜89、92〜93、98、103〜105）
佐藤克秋（P50〜52）
青山紀子（P54〜61）
明石多佳人（P80〜82）
長谷部洋子（P106〜108）

スタイリング
中村和子

イラスト
ヒラノトシユキ

デザイン
中村 妙　西田寧々（文京図案室）

編集
太田祐子（タブレ）
菅 聖子（婦人之友社）